Badische Kohle

Helge Steen

# Badische Kohle -

Der Steinkohlenbergbau bei Berghaupten
und Diersburg  nach 1890

Bibliographische Information Der Deutschen Bibliothek: Die Deutsche Bibliothek verzeichnet diese Publikation in der Deutschen Nationalbibliographie; detaillierte bibliographische Daten sind im Internet über http://dnb.ddb.de abrufbar.

Anschrift des Autors:
Helge Steen, Oberer Heimbachweg 18, D-79280 Au, E-Mail: helge.steen@web.de

Herstellung und Verlag: Books on Demand GmbH, Norderstedt.
Printed in Germany

ISBN 3-8334-3326-4

# Inhalt

Ein Teil der historischen Fotografien dieses Buches wurde zur Verfügung gestellt von:

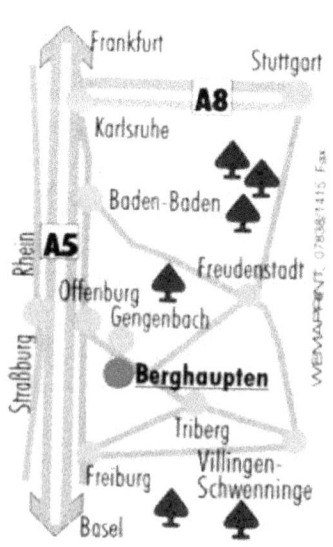

## Vorwort

Auf dem Territorium der Markgrafschaft und des späteren Großherzogtums Baden spielte der über lange Zeiträume intensiv betriebenen Abbau von Silber- und Bleierzen eine erhebliche wirtschaftliche Rolle. Dagegen trat die Bedeutung des Steinkohlenbergbaus in dieser Region stark in den Hintergrund. Man hat im Gebiet von Baden-Baden sowie östlich von Badenweiler und im Raum Sulzburg auf entsprechenden Lagerstätten oberflächliche Untersuchungen angestellt, doch konnte kein nennenswerter Vorrat an gewinnungswürdigen Steinkohlen erschlossen werden. Daher sollten die Steinkohlenflöze im Raum Diersburg-Berghaupten die einzigen bleiben, auf denen ein nachhaltiger Bergbau umging. Diese Lagerstätte wurde mehr zufällig aufgefunden, als fremde Spezialisten im Bereich Berghaupten nach Heilwässern suchen sollten, stattdessen aber Kohlenlager entdeckten.

Die komplizierten geologischen Verhältnisse der Lagerstätte, von denen in den folgenden Kapiteln immer wieder die Rede sein wird, brachten es mit sich, dass die Steinkohlengewinnung um Berghaupten erhebliche Probleme aufwarf. Die Schichten des Karbon, in denen die Steinkohle auftritt, sind hier förmlich eingezwängt zwischen hohen Gneisrücken wie dem Staufenkopf, dem Mollenkopf und anderen. Die Nähe zum tektonisch aktiven Oberrheingraben bewirkte, dass die Gesteinsschichten stark gestaucht und gefaltet, zum Teil auch zerrissen wurden. Die Steinkohlenflöze wurden hierdurch zum Teil förmlich zerrieben, teilweise in relativ kleine Placken und Trümer zerteilt, die wegen der starken Aufrichtung der Gesteinsschichten fast senkrecht stehen und zumeist im kleinräumigen Firstenbau gewonnen wurden. In den ersten Betriebsjahren, als der Abbau überwiegend oberflächennah geschah, konnte diese Lagerstätteneigenschaft noch relativ problemlos toleriert werden. Bei zunehmendem Vordringen in die Tiefe erwies sie sich jedoch als äußerst nachteilig. Das Auffinden der Steinkohlelagen verursachte recht hohe Kosten, weil das Anlegen einer Unzahl von Suchstrecken notwendig war.

Auch die rechtlichen Rahmenbedingungen in der Umgebung der Lagerstätte waren für den Kohlenabbau nachteilig, erstreckte sich das an sich kleine Steinkohlenlager doch über die vier Gemarkungen Diersburg, Niederschopfheim, Zunsweier und Berghaupten, auf die mit den Freiherren Röder, den Freiherren von Frankenstein, den Fürsten von der Leyen und den Reichsfreiherren von der Schleiß gleich vier verschiedene Grundherren einen Anspruch erhoben. Daher ist es nicht verwunderlich, dass die letzten Betriebsperioden in Berghaupten ein wirtschaftlicher Misserfolg waren.

Es erscheint trotzdem angebracht, diese Phase genauer zu beleuchten, da sie ein interessantes Kapitel der einheimischen Montangeschichte darstellt. Sie ist eng verzahnt mit der wirtschaftlichen Entwicklung der „Gründerzeit" und mit der ersten Phase der Elektrisierung des Großherzogtums Baden. Wie wir später sehen werden, war die Grube Berghaupten der erste Stromversorger des vorderen Kinzigtals. Auch zeigt ihre Geschichte, mit welcher Beharrlichkeit selbst im industrialisierten 20. Jahrhundert versucht wurde, die offenkundig den modernen Ansprüchen nicht genügende Steinkohlenlagerstätte mit Erfolg abzubauen, und welche verheerenden Einflüsse der Geldwertverlust der Inflation in den 1920er Jahren auf solche kleinen Betriebe hatte.

Glücklicherweise ist die Betriebsphase ab 1890, als die neue Badische Berggesetzgebung einge-führt wurde, durch Akten der Bergbehörden sehr genau dokumentiert. Der Anfang der 1890er Jahre stellt daher auch den Beginn der eigentlichen Betriebsschilderung in dieser Arbeit dar. Eine knappe Darstellung der Ereignisse in den vorangehenden Jahren wurde ihr als Einleitung vorangestellt.

Der Autor hofft, mit dieser Arbeit ein interessantes und wenig bekanntes Kapitel Heimatge-schichte vor dem endgültigen Vergessen bewahren zu können.

### Quellen und Zitate

Die vorliegende Arbeit basiert fast ausschließlich auf Originalakten aus dem Archiv der Landes-bergdirektion im Landesamt für Rohstoffe, Geologie und Bergbau (LGRB) Baden-Württemberg (vgl. Kapitel "Literatur"). Daneben half der ausführliche Aufsatz über die Grube Berghaupten von Bergingenieur Ziervogel aus dem Jahre 1914 bei der Identifikation der in den Akten ge-nannten Grubenanlagen. Ihm wurden auch die am Ende dieser Arbeit abgedruckten Sohlenrisse der Grube Berghaupten entnommen.

Wörtliche Zitate aus diesen Unterlagen, von denen in großer Zahl Gebrauch gemacht wurde, sind in den folgenden Kapiteln durch *Kursivschrift* kenntlich gemacht. Falls solche Zitate kom-mentiert werden mussten, so wurde der Kommentar stets in eckigen Klammern eingefügt. Ein schwieriges Thema ist die Nomenklatur der Stollen und Sohlen der Gruben, da sich diese im Laufe der Zeit immer wieder änderte, was die Zuordnung der Akteneinträge und das Text-verständnis enorm erschwerte. Grundsätzlich wurden Stollen und Sohlen in dieser Arbeit mit arabischen Ziffern nummeriert, so wie es auch auf den meisten alten Grubenplänen der Fall ist. Ausnahmen sind wörtliche Zitate, in denen die teilweise römische originale Schreibweise beibe-halten wurde. Wurde in der Originalquelle eine relative Ortsangabe wie „Oberer Stollen" ge-nannt, so wurde diese Nomenklatur in der Regel im Text beibehalten. Wo immer es möglich war, wurde jedoch die systematische Bezeichnung des Grubenbaus in Klammern eingefügt, wie etwa „Oberer (2.) Stollen". Hiermit sollte die Lage der im Text erwähnten Grubenbaue anhand der Karten und Risse in der Regel problemlos nachvollziehbar sein.

### Danksagung

Für die großzügig gewährte Akteneinsicht und vielfältige weitere Unterstützung möchte ich Herrn Amtsrat Rainer Kapteinat vom Landesamt für Geologie, Rohstoffe und Bergbau Baden-Württemberg in Freiburg meinen herzlichsten Dank aussprechen. Herr Philipp Lang, Berghaupt-ten, stellte mir einen großen Teil der historischen Fotografien zur Verfügung, wofür ich mich be-sonders bedanken möchte. Schließlich danke ich meiner Frau Wiebke für ihr großes Interesse an der Arbeit und ihre ständige Unterstützung.

# Die Anfänge des Steinkohlenbergbaus in Diersburg-Berghaupten

Ein Beamter des Badischen Bergamtes, der sich mit der Entwicklung der Grube Berghaupten beschäftigte, fasste die Geschichte des Vorkommens und der Steinkohlengruben bis 1892 für die damaligen Amtsakten zusammen. Er gab uns damit eine interessante Übersicht über den bisherigen Verlauf der bergbaulichen Bemühungen:

*Die Entdeckung der Steinkohlen in der Nähe von Offenburg fällt nach den hier befindlichen Akten in das Jahr 1753 zurück. Der damalige Reichsprälat von Gengenbach ließ durch einen Sachverständigen die Bauwürdigkeit der Flöze untersuchen, und bald nachher spricht der Graf von der Leyen der Firma Ritzhaupt & Cie. in Straßburg das Erblehenrecht zu für die bereis in seinem Gebiet gefundenen und noch zu findenden Steinkohlen in der Herrschaft Geroldseck und dem dazu gehörigen Banne Zunsweier.*

*Über den Betrieb aus dieser Zeit zu Ende des vorigen Jahrhunderts konnte den vorgefundenen Akten nichts entnommen werden und erst zu Beginn unseres Jahrhunderts berichten die Bergwerksakten, daß bei Berghaupten und Diersburg ein gewisser A. Derndinger und am Bellenberge ein Unternehmer namens Hacht auf Steinkohlen arbeiten läßt. Der letztere jedoch ohne irgend welche Rechte zur Ausbeutung und Gewinnung der Steinkohlenlager erlangt zu haben.*

*Am 7. Mai 1818 erhält Derndinger von der von der Schleiß'schen Herrschaft einen Erblehenbrief unter der Bedingung, daß jährlich 22 M und für jeden verkauften Zentner Kohlen 3 kr. als Bergzehend an die Lehnsherrschaft abgeliefert werden.*

*Aus den Akten geht nicht deutlich hervor, ob Hacht in die Rechte der s. Zt. durch den Grafen von der Leyen belehnten Firma Ritzhaupt und Cie. in Straßburg eintrat, was wohl wahrscheinlich ist, da in einer längeren Streitsache zwischen Hacht und Derndinger der erstere sich auf seine Lehenbriefe der von der Leyen'schen Herrschaft beruft, der letztere aber sich auf diejenigen von der Schleiß'schen Herrschaft.*

*Am 30. Juni 1834 erhält Derndinger von der Direktion der Forste und Bergwerke ein Beilehen zu seinem ursprünglichen Grubenfeld und zwar je 4 Maße gegen West und Süd, welche an das bereits verliehene Feld anstoßen. Vom Jahre 1844 ab ändern sich die Eigentümer und Besitztumsverhältnisse jener Steinkohlengruben mannigfach. 1854 bildet sich mit Genehmigung des Gr. Ministeriums des Inneren eine Aktiengesellschaft Steinkohlengrube Berghaupten, deren Gesammtbesitz am 3. Juni 1861 durch öffentliche Zwangsversteigerung an Gschwind und Kiehnle in Pforzheim übergeht, welchem Eigentumsübergang am 1. April 1862 seitens der Direction der Forste, Berg- und Hüttenwerke die lehnensherrliche Genehmigung erteilt wurde.*

*Am 23. Mai 1870 wird das gesamte Bergwerksbesitztum abermals in öffentlicher Versteigerung an die Firma Ringwald und Cie. [gegründet durch den Tabakgroßhändler Carl August Ringwald aus Emmendingen] in Berghaupten veräußert, von welcher Firma durch Kaufvertrag vom 10. Oktober 1882 die noch heute dort bauende Offenburger Steinkohlenbergwerksgesellschaft Besitz- und Bergwerkseigentum erworben hat, welches nach den Lehen und Beilehen von den Standesherren bezw. der Direktion der Forste, Berg- und Hüttenwerke einen Flächenraum von zusammen 1025296 qm. umfaßt und sich über die Gemarkungen Berghaupten, Diersburg, Ober- und Niederschopfheim erstreckt.*

**Steinkohlenbergwerksgesellschaft von Offenburg**
in
# DIERSBURG.

Steinkohlengruben zu Diersburg, Hagenbach
und Berghaupten.

**Diersburg** bei Offenburg

**Steinkohlenbergwerksgesellschaft von Offenburg.**

**Steinkohlengruben**
zu Berghaupten, Hagenbach und Diersburg.

**Briquettes-Fabrik**
System Zimmerman, Henrez & Cie.
**Kohlenwäsche**
System C. Lührig.

Offenburg, am 189

Briefköpfe der Steinkohlenbergwerksgesellschaft von Offenburg aus den Jahren 1891 (oben) und 1893 (unten).

10

*Bis in die achtziger Jahre sind von der genannten Bergwerksgesellschaft die drei Gruben bei Diersburg, Hagenbach und Berghaupten in mehr oder minder lebhafter Weise betrieben worden, ohne daß sich jedoch ein wesentlicher pekuniärer Gewinn für die Unternehmer ergeben hat, ja man kann wohl mit mehr Gewißheit annehmen, daß die Gesellschaft während mehrerer Jahre mit einem Defizit arbeiten ließ. Diesem Mißstande suchte man dadurch zu begegnen, daß man auf Anraten eines Sachverständigen (Bergingenieur Strippelmann, dessen Grundidee seines Gutachtens übrigens schon im Jahre 1857 von B. Zurlag in der Berg- und Hüttenmännischen Zeitung ausgesprochen worden ist) durch größere Aufschluß- und Vorrichtungsarbeiten die Kohleproduktion zu vermehren suchte.*

*Die Ergebnisse waren jedoch recht ungünstig in Bezug auf den in Aussicht gestellten Gewinn; leider konnte man sich durch die Versuchsbaue nur über die unregelmäßige Lagerung und Verdrückung der Kohlenflötze mehr und mehr vergewissern, deren Abbau wohl für alle Zukunft selbst unter den günstigsten Umständen nur mit einem mäßigen Gewinn betrieben werden kann. Diese Versuchsarbeiten wurden bald wieder eingestellt, da auch ein gesteigertes Förderquantum aus dem Grunde kein günstigeres Resultat erzielen konnte, weil nicht auch gleichzeitig der Absatz der gewonnenen Kohlen vermehrt werden konnte, welche wegen ihres hohen Aschengehaltes, der durch die beigemengten Berge noch erhöht wurde und die Heizkraft verminderte, ein nur beschränktes Absatzgebiet gefunden hatten.*

*Bis vor 2 Jahren waren die Hauptkonsumenten der Berghauptener Kohlen die Lahrer Cichorienfabriken. Als diese Fabriken jedoch nach Einführung neu konstruierter Rostöfen keine Verwendung mehr für jene anthrazitische Kohle hatten und der Absatz der Kohlen daher aufhörte, so war die Existenz der Steinkohlenbergwerksgesellschaft gefährdet, wenn sie nicht versuchten, die Kohlen auch für andere Feuerungen tauglich zu machen. Da dies vornehmlich durch Verringerung des Aschengehaltes geschehen mußte, indem die zahlreich beigemengten Berge durch einen Waschprozeß zu entfernen waren, so entschloß sich die Gesellschaft im verflossenen Jahre, eine Kohlenaufbereitung bauen zu lassen, welche im Laufe dieses Jahres durch den bekannten Ingenieur Lührig in Dresden fertig gestellt worden ist. Gleichzeitig und in Verbindung mit der Wäsche wurde eine Briquettanlage errichtet, welche in vorteilhafter Weise den in der Wäsche gewonnenen Kohlengries fortan verwertet und so zur Oekonomie des Unternehmens wesentlich beisteuert. An anderer Stelle werde ich noch ausführlicher von diesen Neuanlagen zu sprechen haben.*

Hier noch einige wenige, erläuternde Anmerkungen zu dieser historischen Schilderung: Bedingt durch die vier verschiedenen Grundherren liefen auch die Bergbauaktivitäten auf dem Diersburg-Berghauptener Kohlenvorkommen lange Zeit parallel durch mehrere Gesellschaften. Die 1844 gegründete Aktiengesellschaft, die aus Derndingers privaten Arbeiten hervorging, war die „Aktiengesellschaft Steinkohlengruben Berghaupten". An ihr beteiligten sich später auch Carl Friedrich Gschwindt und Johann Kienle, sowie 1863 Georg Mezger aus Kippenheim und Carl August Ringwald aus Emmendingen, wobei die „Steinkohlen-Gruben Berghaupten Gschwindt & Comp." gegründet wurden.

Die Gruben Diersburg und Hagenbach betrieb indes seit 1837 die „Steinkohlenbergwerksgesellschaft Offenburg" unter Direktor Brost. Dieser hielt nicht viel von dem Berghauptener Vorkommen und verweigerte sich 1868 einer ersten Initiative der Berghauptener Gesellschaft, die Gruben zu vereinigen.

Im Jahre 1873 schied Gschwindt aus der Gesellschaft aus, die nun C. A. Ringwald, dem Obersteiger Michael Ehrmüller sowie dem Rentier Philipp Mahler aus Baden-Baden gehörte und unter dem Namen „Steinkohlengrube Ringwald & Cie. – Berghaupten" firmierte. Nach dem Tode Ringwalds im Jahre 1877 verkauften sein Schwager, der Fabrikant Ernst Maurer in Lahr, und Ehrmüller die Gesellschaft an die Steinkohlenbergwerksgesellschaft Offenburg unter dem Vorstand Christian Baer zu einem Preis von 30.000 Mark in bar sowie 20.000 Mark in Aktien der Offenburger Gesellschaft. Hierdurch kam es endlich zu einer Vereinigung des Diersburg-Berghauptener Kohlenreviers (Albiez, 1974).

Bereits seit dem Jahre 1866 hatte *Director Baer* die Leitung der Steinkohlengruben in Diersburg und Hagenbach inne, bis er im Jahre 1877 dann auch die Verantwortung für den Berghauptener Betrieb übernahm. Er hatte im Jahre 1859 die Ausbildung an der Berghauptschule in Saarbrücken erfolgreich beendet und dann mehrere Jahre an den Großherzoglichen Eisengruben und Hüttenwerken bei Kandern im Südschwarzwald gearbeitet. Baer blieb noch bis mindestens 1896 in seiner Position in Berghaupten. Im Jahre 1891 standen ihm die seit über 20 Jahren bei der Grube beschäftigten Grubensteiger Carl Friedrich Schmidt und Xaver Moritz als verantwortliches Leitungspersonal zur Seite.

### Eine Arbeitsordnung für die Steinkohlenbergwerke

Da die Bergwerksgesellschaft es im Jahre 1891 zunächst versäumte, eine nach dem jüngst in Kraft getretenen neuen Badischen Berggesetz geforderte Arbeitsordnung zu erlassen, wurden sie vom Bergmeister unter Androhung einer Strafe von bis zu 150 M aufgefordert, dies umgehend nachzuholen. Eine daraufhin zunächst an die Bergbehörde eingesandte Ausfertigung wurde abgelehnt, da *sie in keiner Weise den gesetzlichen Anforderungen entspricht [...], ferner ist die Fassung und der Inhalt einiger Paragraphen zum Teil so mangelhaft, dass ich nach meiner unmaßgeblichen Meinung es für das Beste erachte, die fragliche Arbeitsordnung in ihrem ganzen Umfange nicht zu genehmigen...,* so die Bergmeisterei im Oktober 1891. Auch die verbesserte Version vom November fand noch nicht das uneingeschränkte Gefallen der Bergbehörde, da unter anderem die Auflösung des Arbeitsverhältnisses mit den Bergleuten noch nicht klar geregelt war. Auch die Regelung zum Verfahren der Auftaktschicht zu Gunsten der Betriebskrankenkasse war nicht klar genug formuliert. Es dauerte noch bis in den Februar 1892, bis eine vollständige und in allen Punkten genehmigte Arbeiterordnung vorgelegt wurde. Ihre Kernpunkte waren schließlich, dass die unter Tage beschäftigten Arbeiter in achtstündigen Schichten von morgens 6 Uhr bis 14 Uhr, 14 Uhr bis 22 Uhr und 22 Uhr bis 6 Uhr anfuhren, wobei in jeder Schicht nach vierstündiger Arbeit 20 Minuten Pause erfolgten. Die übertage Beschäftigten sollten von 6 Uhr bis 18 Uhr abends arbeiten. Pausen fanden von 9.00 bis 9.15 Uhr, von 12 bis 13 Uhr sowie von 16.00 bis 16.15 Uhr statt.

Die Probezeit eines neu eingetretenen Arbeiters dauerte 4 Wochen, anschließend war er mit 14tägiger Kündigungsfrist fest angestellt. Folgende Lohnklassen wurden gebildet:

| | |
|---|---|
| *Maschinenwärter* | *1 M 80 Pf* |
| *Zimmerhäuer* | *1 M 80 Pf* |
| *Häuer* | *1 M 60 Pf* |
| *Lehrhäuer* | *1 M 50 Pf* |
| *Schlepper I. Cl.* | *1 M 40 Pf* |
| *Schlepper II. Cl.* | *1 M 30 Pf* |
| *Förderbuben I. Cl.* | *1 M 20 Pf* |
| *Förderbuben II. Cl.* | *1 M 10 Pf* |
| *Förderbuben III. Cl.* | *1 M –* |

Bei den Schleppern und Förderbuben erfolgte die Zuteilung zu den Klassen zum Monatsende, je nach der *Tüchtigkeit* des Arbeiters.

Sämtliche Grubenarbeiten wurden, wenn möglich, bei öffentlichen Versteigerungen am Monatsende im Gedinge vergeben, wobei die mindestnehmende Kameradschaft den Zuschlag erhielt. Die Auffahrung von Strecken, Querschlägen, Schächten etc. wurden nach Metern bezahlt, wobei man unterschiedliche Tarife für *festes Gestein, mildes Gestein, Schiefer und Kohle* bezahlte. Die Kohleförderung im Abbau rechnete man nach Fördermenge zu je 6 Zentnern ab. Die Fördermenge wurde jeden Tag auf einer Tafel notiert und öffentlich ausgehängt. Am Ende des Monats erfolgte die Abrechnung und jeder Kameradschaft wurde der entsprechende Lohn am Ersten des folgenden Monats bar ausbezahlt.

Die Arbeiter durften die Arbeitsstelle nicht verfrüht verlassen und mussten pünktlich zur Arbeit erscheinen. *Wer zu der zum Gebet, Vorlesen und Beginnen der Arbeit bestimmten Zeit an dem vorgeschriebenen Ort nicht erscheint, bezahlt das erste Mal 20 Pf, das zweite Mal 40 Pf und das 3te Mal 1 Mark.* Das Stören von Gebet oder Vorlesen wurde mit einer Strafe zwischen 20 Pf und dem Schichtlohn belegt. Eine ähnliche Strafe war für das unerlaubte Befahren der Grube oder verzögerten Arbeitsbeginn nach dem Gebet vorgesehen. Auch unerlaubtes Fernbleiben von der Schicht wurde mit Strafen belegt. Blieb er der Arbeit länger als 8 Tage fern, wurde der Arbeiter entlassen.

Hohe Strafen bis zu 2 Mark wurden für den Fall festgelegt, dass eine Arbeit nicht sorgfältig durchgeführt wurde, so dass Gefahr für den Arbeiter und seine Kameraden drohte. Weitere Strafen standen auf nicht *gehöriges* Füllen der Fördergefäße, Versetzen oder Diebstahl der Kohle, vorschriftswidriges Auffahren von Stollen, Ausrauben von Verzimmerung und weitere Vergehen. Auch beim Arbeiten mit Sprengstoff wurden nun verbindliche Regeln eingeführt: *Wer es unterlässt, beim Wegthun der Bohrlöcher sogleich nach dem Anzünden der Zündschnüre laut und ausgedehnt zu rufen „Angesteckt s'brennt", wird mit einem Schichtlohn bestraft. Leute, die sich einem Orte, wo Schüsse abgebrannt werden sollen, nähern wollen, sind mit dem gleichen Rufe davon abzuhalten.*

Rauchen von Tabak in der Grube wurde mit Strafen zwischen 70 Pfennigen und 2 Mark bestraft. Wurde in schlagwettergefährdeten, also mit brennbarem Methangas angereicherten Grubenbereichen geraucht, wurde der Arbeiter sofort entlassen.

Weitere Strafgelder standen auf nicht ordentliches Zurücklegen des Gezähes oder der Fördergeräte nach verfahrener Schicht, die mutwillige Beschädigung derselben, unbefugtes Führen von Fremden in die Grube, Verweigerung von durch den Steiger zugewiesener Arbeit, Krankstellen und das *frevelhafte* Beschädigen einer Gedingestufe oder eines Marksteins. Vor allem das Verändern der Marksteine zum eigenen Vorteil und das damit verbundene Erschleichen von Lohn wurde umgehend hart mit Entlassung bestraft. Das gleiche galt für das Missachten von Vorschriften zum Gebrauch von Sicherheitslampen, wobei der Täter *zusätzlich dem Gr. Bergmeister zur Herbeiführung der Strafgerichtlichen Verfolgung angezeigt* wird.

*Wer die Grube oder das Werk auf eine unanständige Art verunreinigt, hat eine Strafe von 1 M 50 Pf zu bezahlen. Sollte der Thäter nicht ermittelt werden, so hat die Kameradschaft, bei deren Arbeit die Verunreinigung geschehen ist, die Strafe zu bezahlen.*

Um den Diebstahl von Gezähe zu verhindern, galt folgendes:

*Jeder Bergmann, welcher in die Schmiede tritt, ohne Geschäfte zu haben, wird mit 30 Pf bestraft; der Schmied aber, welcher ihm den Eintritt gestattet, mit 60 Pf.*

Der Verkauf von Pulver aus dem Besitz des Werkes war selbstverständlich ebenso verboten wie das Fördern unreiner Kohlen oder das Arbeiten bei Erkrankung an Krätze.

Weitere Entlassungsgründe waren unter anderem Zwistigkeit mit oder grobe Beleidigung von dem Bergwerksbesitzer oder vorgesetzten Beamten, mutwillige Sachbeschädigung zum Nachteil des Arbeitgebers, Arbeitsunfähigkeit oder die Ansteckung mit einer *abschreckenden Krankheit*. Den Bergleuten wurde jedoch ausdrücklich das Recht eingeräumt, ihren Arbeitsplatz unter anderem dann zu verlassen, wenn sie zur Arbeit unfähig geworden sind, wenn sich Vorgesetzte *Thätlichkeiten oder grobe Beleidigungen gegen die Arbeiter oder ihre Familienangehörigen zu Schulden kommen lassen*, wenn die Arbeiter oder deren Angehörige durch Vorgesetzte zu Handlungen verleitet werden, *welche wider die guten Sitten laufen*, oder durch die Fortsetzung der Arbeit ihr Leben oder ihre Gesundheit einer Gefahr ausgesetzt sein würde, welche bei Eingehung des Arbeitsvertrags nicht zu erkennen war.

## Neue Regelungen zum Schlagwetterschutz in der Grube

Im Februar 1892 wurden vom Bergmeister Vorschriften zum Schutz gegen schlagende Wetter für die Werke der Offenburger Steinkohlenbergwerks-Gesellschaft erlassen. Schlagwetter bedrohen den Betrieb in fast allen Steinkohlenbergwerken, indem brennbares Methangas aus den Kohlenlagern entweicht. Dadurch kann es zu einer akuten Explosionsgefahr in den Bergwerken kommen, die besondere Sicherheitsvorkehrungen erforderlich machen :

§ 1

*Die zu den Arbeitsstätten führenden Strecken, Querschläge und Schleppschächte, in welchen das Auftreten schlagender Wetter zu besorgen ist, müssen vor dem Anfahren der Belegschaft durch besonders damit beauftragte, zuverlässige Personen, sog. Wettermänner mit der Sicherheitslampe auf das Vorhandensein schlagender Wetter und auf den Wetterzug überhaupt untersucht werden. Diese Wettermänner sind dem Bergmeister namhaft zu machen.*

§ 2

*Die Wettermänner haben gefährliche Punkte vorläufig abzusperren, sowie darauf zu sehen, dass die wegen der schlagenden Wetter vorhandenen Warn- und Schutzvorrichtungen in vorschriftsmäßigem Zustande bleiben.*

§ 3

*Der Wettermann hat das Ergebnis der Untersuchung nach der Grubenfahrt sogleich dem Betriebsführer mitzuteilen. Erst nach der Grubenfahrt der Wettermänner und nachdem erforderlichenfalls der Betriebsführer diejenigen Grubenräume bezeichnet hat, welche wegen schlagender Wetter nicht belegt oder ohne Sicherheitslampe nicht befahren werden dürfen, darf die Belegschaft einfahren.*

§ 4

*Die Untersuchung der Arbeitspunkte selbst erfolgt durch die Arbeiter. Zu diesem Zwecke ist bei jeder Kameradschaft ein zuverlässiger Arbeiter, sog. Vorfahrer, mit der Beobachtung des Wetterzuges und der schlagenden Wetter zu beauftragen.*
*Der selbe hat vor beginnender Arbeit mit der Sicherheitslampe vor Ort oder den Abbaustoß zu fahren, während die übrigen Arbeiter an einem deutlich zu bezeichnenden Punkte der Strecke zurückbleiben.*
*Findet der Vorfahrer nichts bedrohliches, so lässt er die Kameraden nachkommen, entdeckt er aber eine gefährliche Ansammlung schlagender Wetter, die sich dadurch ausweist, dass sich der Flammenkegel der Sicherheitslampe bis in den oberen Teil des Drahtnetzes verlängert, so hat er den Zugang zur Arbeitsstelle mit Lattenkreuzen abzusperren und einem Grubenbeamten davon Anzeige zu machen, welcher sodann die zur Beseitigung der angesammelten Schlagwetter erforderlichen Maßregeln zu treffen hat.*

§ 5

*Die Arbeiter dürfen ohne Erlaubnis und Anleitung des Aufsichtsbeamten Versuche zur Entfernung schlagender Wetter nicht selbständig unternehmen.*

§ 6

*Grubenbaue, welche nur mit der Sicherheitslampe befahren werden dürfen, sind durch Anbringung eines Lattenkreuzes kenntlich zu machen. Die zur Herstellung solcher Warnungszeichen erforderlichen Materialien müssen daher in hinreichender Menge an bestimmten, der Belegschaft bekannten Punkten in der Grube vorrätig sein.*

## § 7

Die Grubenbeamten sind verpflichtet, die Arbeiter mit den Zeichen und sonstigen Vorschriften in der Grube, welche vor schlagenden Wettern warnen und den Gebrauch der offenen Lampen verbieten, bekannt zu machen.

## § 8

Die Sicherheitslampen werden auf der Grube in einem besonderen Raume aufbewahrt, die Instandhaltung und Reinigung derselben hat durch besonders damit beauftragte, zuverlässige Personen, sog. Lampenreiniger, zu geschehen.
Bei der Reinigung der Sicherheitslampen ist besondere Sorgfalt auf den Drahtzylinder zu verwenden, derselbe ist durch Bürsten von etwaigem Ruß zu befreien, und das Geflecht unversehrt zu erhalten.

## § 9

Das Öffnen der Sicherheitslampen und das Mitführen der dazu bestimmten Schlüssel ist nur den Aufsichtsbeamten, den Wettermännern/Vorfahrern und Lampenreinigern gestattet.
In der Grube dürfen die Sicherheitslampen nur an  solchen Punkten geöffnet werden, welche von den Betriebsführern hierzu bezeichnet sind.

## § 10

Den Betriebsbeamten, Wettermännern und Vorfahrern ist es erlaubt, die  zur Untersuchung der Grubenbaue auf das Vorhandensein schlagender Wetter mitgenommenen Sicherheitslampen erst in der Grube an einem hierzu bestimmten Orte anzuzünden.

## § 11

Den Arbeitern sind die Sicherheitslampen vor der Einfahrt mit Öl gefüllt, angezündet, verschlossen und in untadelhafter Beschaffenheit zu übergeben. Hierfür sind die in § 8 genannten Personen besonders verantwortlich.
Jeder Arbeiter muss sich beim Empfang der Sicherheitslampe überzeugen, dass sie verschlossen ist und muss dieselbe nach der Schicht verschlossen wieder abgeben.

## § 12

Das Auslöschen der Sicherheitslampen in den Grubenräumen darf nur durch feste Umhüllung derselben und gleichzeitiges Herabziehen des Drahtes, niemals durch Ausblasen erfolgen.
Verlöscht eine Sicherheitslampe in der Grube, so muss sie zu Tage oder an einen hierzu bestimmten Orte in der Grube gebracht und dieselbe von einer dazu befugten Person wieder in Stand gesetzt werden.

## § 13

Die Sicherheitslampe ist stets freihängend in senkrechter Richtung zu tragen und vor dem Arbeitspunkte so aufzuhängen oder zu stellen, dass die Flamme den Glaszylinder nicht berühren kann, und dass bei der Hantierung mit dem Gerät weder Drahtzylinder noch Glas zu verletzen oder zu verunreinigen sind.

§ 14
Der Betriebsführer muss mindestens vierteljährlich einmal eine Revision der Sicherheitslampen vornehmen, und das Ergebnis derselben im Zechenbuche vermerken.

## Der Betriebsplan für 1892: Eine neue Aufbereitungsanlage in Berghaupten

Der Betriebsplan für 1892 gibt trotz des Verlustes der ursprünglich beigelegten Zeichnungen einen interessanten Einblick in den Stand der Arbeiten in den Gruben und die Technik der damaligen Kohleaufbereitung:

*A. Grubenbetrieb*

*1. Vorkehrarbeiten*

*Auf der 3ten Sohle wird der Querschlag No. 3 nördlich weiter getrieben, die Trumorte No. 1, 2 & 3 weiter aufgefahren, und der Schacht No. 4 im V. Trum, und Schacht No. 6 im II. Trum auf der 4ten Sohle abgeteuft.*

*2. Abbau*
*Die Trumorte 2, 3 & 4 werden von der 3ten auf die 2te Sohle, und Trumort 3 von der 2ten auf die 1te Sohle weiter abgebaut.*

*3. Wetterführung*
*Die Wetterführung erfolgt wie bisher durch die in gutem Zustande zu erhaltenen Strecken der 1, 2 & 3ten Sohle durch den Hauptschacht gegen Hagenbach, wobei nach Temperaturwechsel die Wetter ein- oder ausziehen.*

*4. Förderung*
*Die Förderung geschieht auf den Hauptstrecken der 3 & 4ten Sohle zum Hauptschacht und von da werden die Wagen durch die ca. 2/5 Pferdekräftige Dampfmaschine zu Tage gebracht.*

*5. Wasserhaltung*
*Sämmtliche Wasser der Grube sammeln sich in einem Sumpf beim Hauptschacht der 3ten Sohle und werden von da durch eine Druckpumpe zum Wasserstollen gehoben, von wo sie dann natürlichen Abfluss haben.*

Ansicht der im Jahre 1892 in Berghaupten errichteten Aufbereitungsanlage und Brikettfabrik von Südosten. Am rechten, in Fachwerkkonstruktion erbauten Gebäude sind die Verladerutschen für den Abtransport der Produkte erkennbar. Der Schornstein der Anlage ist noch heute erhalten. Foto ca. 1900.

*B. Kohlenwäsche*

*Dieselbe wird nach anliegenden Zeichnungen durch Herrn Aufbereitungs-Ingenieur Lührig [aus Dresden] ausgeführt, und soll Anfang des Jahres noch in Betrieb kommen.*
*Die Kohlen kommen nach der Skizze vom Hauptschacht aus auf den Wipper und werden da auf dem Schüttelsieb in Sorten über 60 m/m und unter 60 m/m separiert.*
*Die Kohlen unter 60 m/m fallen in den Trichter und werden von da durch das Becherwerk in die Separationstrommel gebracht, und von da in 3 Sorten à 30/60 m/m – à 10/30 m/m und unter 10 m/m sortiert. Von da aus fallen die Kohlen in die beiden Grobkorn- und in einen Feinkornkasten; werden da gewaschen und fallen dann die Nußkohlen in die beiden Verladekasten I & K.*
*Die Feinkohlen werden durch das Becherwerk in die Kohlenthürme gebracht. Die ausgewaschenen Berge nimmt das Becherwerk P von den Setzkasten und bringt dieselben in den Verladekasten Q.*

*C. Briquetteanlage*

*Die Brikettanlage wird ebenfalls durch Herrn Ing. Lührig nach anliegenden Zeichnungen errichtet. Wie aus der Skizze ersichtlich ist, bringt die Transportschnecke a die zu brikietierenden Kohlen von den Kohlentürmen in den Aufgabeapparat b., in welchem ebenfalls der Brai aufgegeben wird. Dieser Apparat reguliert die Beschickung des Desintegrators e. Der Desintegrator dient zum Zerkleinern von Kohlen & Brai und bewirkt zugleich eine innige Mischung beider Stoffe.*
*Aus dem Desintegrator fällt die Mischung in das Becherwerk d, welches dieselbe in den Malasseur e erhebt, in welchem sie alsdann unter Einwirkung von trockenem Dampf zu plastischer Masse verarbeitet wird.*
*Eine kurze Schnecke f führt die Masse in den Aufgabeapparat g. der Presse und von diesem in die Eierpresse h.*
*Diese Anlage soll ebenfalls bis längstens Mitte April in Betrieb sein.*

**Erste Anläufe zur Konsolidierung der Bergwerksfelder**

Im Mai 1892 ging die Bitte der Steinkohlenbergwerksgesellschaft Offenburg bei der Bergbehörde ein, die Grubenkonzession Berghaupten zu erweitern und die Zusammenlegung mit den Konzessionen Hagenbach und Diersburg zu genehmigen. Schürfe hatten gezeigt, dass *die Kohlenadern unserer Grube Berghaupten sich gegen das Dorf fortsetzen.* Die Bergbehörde wies darauf hin, dass in diesem Falle nur der Weg der Mutung eines neuen Bergwerksfeldes möglich ist. Später könnten mehrere Bergwerksfelder dann zusammengelegt werden.

Es sollte jedoch noch bis zum Jahre 1904 dauern, bis die Konsolidierung tatsächlich abgeschlossen werden konnte.

## Probleme bei der Anfertigung von Grubenbildern

Im Oktober 1892 war das Steinkohlenbergwerk in Berghaupten der letzte badische Bergwerks-betrieb, der beim Bergmeister noch kein vorschriftsmäßiges Grubenbild, wie es mit Einführung des Badischen Berggesetzes gefordert wurde, eingereicht hat. Die Bergbeamten sahen indes die Schwierigkeiten, denen die Gesellschaft aufgrund des recht großen Umfangs der Grube, der un-regelmäßigen Steinkohlenlagerung, den damit verbundenen komplexen Abbaumethoden und dem Fehlen in Baden ansässiger konzessionierter Markscheider gegenüberstand. Die von Direk-tor Baer angefertigten Risse konnten aufgrund seiner fehlenden Konzession zwar eigentlich nicht akzeptiert werden, doch beantragte der Bergmeister bei der Oberen Bergbehörde, dass ihm aufgrund der in der Vergangenheit durchaus fachgerecht erstellten Pläne hierzu eine Konzession ausgestellt wird. Wenig später wurde Baer von der Oberen Bergbehörde zur Anfertigung zukünf-tiger Risse der Grube anerkannt. Dies wurde durch den Bergmeister sogleich mit der Forderung verbunden, nun innerhalb von 6 Wochen die seit Mai geforderten Grubenbilder für das in Be-trieb stehende Steinkohlenbergwerk bei Berghaupten vorzulegen, da nun kein Grund für eine Verzögerung mehr gegeben sei.
Es sollte indes noch bis zum 10. Juni 1893 dauern, bis die Grubenbilder nach Verhängung einer Strafe von 20 Mark gegen die Gesellschaft schließlich fertiggestellt wurden.

## Ein umfangreicher Fahrbericht vom November 1892

Der erste erhaltene Bericht über eine Befahrung des Steinkohlenbergwerks bei Berghaupten stammt vom 15. November 1892. Er stellt die damalige Situation der Grube und das seinerzeiti-ge Verständnis der Lagerstättenentstehung sehr detailliert dar, weshalb er an dieser Stelle vollständig wiedergegeben sei:

*I. Die Lagerstätten*

*Im Schwarzwalde tritt das Kohlengebirge nur deutlich an zwei Stellen auf, wovon das eine Vor-kommen bei Baden der eigentlichen Steinkohlenformation und dasjenige, deutlicher ausgepräg-te, in der Nähe von Offenburg wohl als eine ältere Bildung der Epoche der Übergangsgneise zu-zustellen ist.*
*Die Kohlenablagerungen bei Offenburg erstrecken sich von Berghaupten über Hagenbach und Diersburg bis in die Gegend von Oberschopfheim in einer Generalstreichrichtung von Nordost nach Südwest, das Einfallen der Formation (der Flötze und Schiefer) im allgemeinen eine sehr steile nordwestliche Richtung zwischen 70 u. 85° einhält. Die gesamte Längenausdehnung be-trägt etwa 1 Meile, während die Mächtigkeit des Kohlengebirges sehr schwankend ist, jedoch 150 m. kaum überschreiten dürfte. Die eigenartigen Lagerungsverhältnisse, die Verwerfungen und Verdrückungen der einzelnen Kohlenflötze lassen die Annahme berechtigt erscheinen, daß die Kohlenformation sich in einer sekundären Lagerung befindet, in die es das Emporstauen mächtiger Eruptivmassen oder wohl auch ein allgemeiner seitlicher Schub im Vorgebirge ge-*

*bracht hat. Über die Art und Weise, wie indeß die jetzige Lagerung erlangt worden ist, vermag man noch keine bestimmten Anhaltspunkte zu geben, und es erscheint noch heute die Ansicht Hausmanns über die erfolgten Störungen am wahrscheinlichsten. Nach ihm waren die Urschiefer als die ältesten Gebilde ursprünglich horizontal gelagert, worauf sich das Kohlengebirge niedergeschlagen hatte und nach deren Ablagerung die Granit- und Porphyrmassen zu beiden Seiten parallel und wohl auch gleichzeitig hervorbrachen. Hierdurch erfolgte eine Erscheinung, die Hauptmann mit dem Zuklappen eines Buches, das bis dahin offen dagelegen hatte, vergleicht. Hierbei mag das Hervorquellen der Eruptivgesteine im Hangenden intensiver vor sich gegangen sein als im Liegenden, so daß das Urgebirge übergekippt und so über das weniger gehobene Kohlengebirge gelagert wurde. Hierdurch erklären sich nicht nur die gestörten Lagerungsverhältnisse, sondern auch der Umstand, daß an einzelnen durch den Grubenbetrieb aufgeschlossenen Punkten sich der Gneiß im Hangenden der Steinkohlenflötze befindet, wird am leichtesten verständlich gemacht.*

*Die Anzahl der Kohlenflötze ist noch nicht genau festgestellt, doch sind deren mehr als 10 durch den Grubenbetrieb bekannt geworden. Die Mächtigkeit und Längenausdehnung derselben sind sehr schwankend; obgleich an manchen Stellen die Macht der Flötze bis zu 8 und 10 m anschwillt, so sinkt andererseits dieselbe auch bis zur bloßen Kluft herunter; in ebensolchem Spielraum schwankt auch die Ausdehnung der Flötze, welche oft nur wenige Meter beträgt. Hierdurch entstehen Nester von Kohle, die in linsenförmigen Formen zwischen dem schwarzen, ebenfalls sehr kohlereichen Schiefer inneliegen.*

*Sehr häufig sind diese Kohlennester nach Art von Lentikulargängen verbunden, so daß man beim Verfolgen der Klüfte auch wieder auf mächtigere Einlagerungen trifft, wenn nicht ein Übersetzen den anderen Flötzteil ins Hangende oder Liegende verworfen hat.*

*Die Art der Kohle ist im allgemeinen eine ganz magere, welche dem Anthrazit am nächsten steht, doch kommen auch hierin Abweichungen vor, indem z.B. die sog. Schmiedekohle eine bitumenreichere Gattung und eine Sorte von der Grube Hagenbach eine kokesähnliche, graue Kohle von großer Festigkeit, die sog. Hartkohle darstellen. Der gewöhnlichen Kohle ist die pechschwarze Farbe und ein hoher Glanz eigen. Diese Abweichungen in den einzelnen Kohlesorten hängt vermutlich mit der mehr oder weniger energischen Einwirkung der Eruptivmassen zusammen.*

*Die Kohle ist in einem Schiefer eingelagert, der nach Farbe, Glanz und Mürbigkeit ganz wie jene aussieht und sich nur durch sein größeres Gewicht unterscheidet. Sehr oft wechsellagert der Schiefer mit den Kohleflötzchen und dann verursacht es keine geringe Mühe und Kenntniß Schiefer und Kohle von einander zu trennen. Ein anderes Nebengestein findet sich als grauer z.Teil braunroter Sandstein in dem Kohlengebirge, der in wechselnder Mächtigkeit und gesetzloser Reihenfolge zwischen Kohle und Schiefer einlagert.*

*Als viertes Glied in dieser eigenartigen Kohlenablagerung tritt, wenn auch nur untergeordnet, ein Konglomerat auf, das aus gerundeten und abgeschliffenen Fragmenten von Quarz-, Granit- und Porphyrstücken besteht, die durch ein thoniges oft sandiges Bindemittel verkittet sind.*

*Die Pflanzenabdrücke, welche zwischen Schiefer und Sandsteinen erscheinen, sind selten gut erhalten, wie sich das aus den stattgehabten Dislokationen erklärt, meist sind es Reste von Farrenkräutern.*

*II. Abbau der Lagerstätte*

*Die ersten Anfänge des Offenburger Kohlenbaus wurden durch Stollenanlagen nach der Streich-
richtung des Flötzes, oder Niederbringen von Tagesschächten auf dem Ausgehenden der Flötze
gemacht, der alte Bergbau bewegte sich vornehmlich in den oberen Teufen, und als man bis in
die dreißiger Jahre die nahe der Oberfläche befindlichen Kohlen abgebaut hatte, so fing man
an, in dem Hagenbacherfelde einen seigeren Hauptschacht abzuteufen, dessen Gelingen bald
zur Anlage von anderen seigeren Tageschächten und tieferen Stollen aufforderte.*

*Wie viel zur Zeit in dem gesamten Grubenreviere Schächte und Stolln überhaupt vorhanden sind,
vermag ich nicht anzugeben, da nur die Berghauptener Grube, welche durch einen seigeren
Hauptförderschacht und Stollen erschlossen ist, Gegenstand der bergpolizeilichen Befahrung
war.*

*Analog den beim Gangbergbau üblichen Gezeugstrecken sind vom Hauptförderschachte aus ein-
zelne Stollen angelegt, die in Abständen von ca. 35 m. in der allgemeinen Streichrichtung der
Flötze aufgefahren sind und nahezu in der Mitte des Flötzgebirges stehen. Von diesen Hauptsoh-
len aus führen in entsprechenden Abständen Querschläge ins Hangende und Liegende des Gebirges, auf welche Weise die übrigen Flötze bis an die Grenze des Urgebirges angefahren werden. Trifft man bei diesem Querschlagsbetrieb auf bauwürdige Kohlenflötze, so werden auf diesen wiederum streichende Strecken erlängt, die streichenden Strecken der verschiedenen Sohlen
werden wiederum durch Abteufen verbunden, welch letztere man in der Regel in der Fallrichtung der Flötze niederbringt.*

*Auf diese Weise wird im allgemeinen die Lagerstätte zu dem Abbau vorbereitet, der nun in seiner
Ausführung, der eigenartigen Gestaltung der Flötze entsprechend, mehr einem Gang- als Flötz-
bergbau ähnlich sieht; hin und wieder ist auch schon eine Art Pfeilerbau zur Anwendung gekommen, doch ist die Regel der Ortsbetrieb und in den regelmäßiger gestalteten Flötzen eine
dem Firstenbau ähnliche Kohlengewinnung. Nach alle dem, was ich bemerken konnte, sind die
Abbauverhältnisse die denkbar schwierigsten, welche durch die unregelmäßige Lagerungsverhältnisse, durch die Brüchigkeit des Nebengesteins, durch das häufige Auskeilen und plötzliche
Verschwinden des bauwürdigen Flötzteiles, durch den Mangel an Bergversatz, durch reichliche
Zimmerung u. d. gl. bedingt werden.*

*III. Hauer- oder Gewinnungsarbeiten*

*Von den zur Gewinnung der Kohlen üblichen Arbeiten sind im Berghauptener Grubenbetrieb
fast ausschließlich diejenigen, welche mittelst Keilhaue und durch Sprengen verrichtet werden,
in Anwendung. Die Kohle läßt sich wegen ihrer Mürbigkeit leicht mittelst Haue gewinnen, und
auch die kohlenführenden Schiefer werden auf gleiche Weise gebrochen. In den Sandsteinen,
vornehmlich beim Querschlagsbetrieb und in den Abteufen sowie dann, wenn die Kohle und die
sie umlagernden Schiefer zähe und weniger brüchig werden, findet die Sprengarbeit Anwendung. Durch Schlangenbohrer werden in Kohle oder weicheren Schiefer bis 1 m. tiefe Löcher
gebohrt, welche in üblicher Weise mittelst Schwarzpulver weggethan werden. Neben dem*

Schlangenbohrer sind auch Meißelbohrer in Gebrauch, um Löcher im festeren Gebirge herzustellen; in letzterem Falle werden die Bohrlöcher auch hin und wieder mit Gelatine-Dynamit besetzt, obgleich die Verwendung dieses Sprengmittels nur in Ausnahmefällen und bei ganz besonders harten Gesteinspartieen (Adinolschiefer) sich nötig macht. Ein Vorrat von Dynamit befindet sich in der Grube.

## IV. Förderung und Fahrung

Der Transport der durch die Häuerarbeit gewonnenen Kohlen wird ausschließlich durch Strecken- und Schachtförderung bis zu den Abfuhreinrichtungen über Tage bewerkstelligt. Ohne maschinelle Kräfte geschieht in den Grubenbauen die Förderung bis zum Hauptschachte, woselbst eine einzylindrige Fördermaschine mit Schwungrad und Zahnradübersetzung die Hunde mittelst Fördergestells bis über Tage hebt. Die in den Abbauen gewonnenen Fossilien werden, sofern die ersteren durch Schleppschacht mit einer höher liegenden Sohle durchschlägig sind, mittelst Haspelbetrieb dahin gefördert; bis zu dem Punkte, wo die Kübel der Haspelförderung aufsetzen, bringt man die Kohlen aus den Abbauen nicht selten durch geflochtene Körbe, von denen sechs einen Kübel füllen, welch letzterer 1 Ctner. Kohle faßt. Der Inhalt der Kübel wird in die auf Eisenbahnschienen laufenden Hunde gestürzt, welche bei 0.3 cbm. Rauminhalt ein Quantum von 7 Ctr. Kohle aufnehmen können. Die Schleppschächte sind so breit, daß sowohl der auf- als auch der abgehende Förderkübel auf besonderen Leitbäumen schleift, zwischen beiden sind die Fahrten eingebaut. Die Hauptförderstrecken sowie die der Förderung dienenden Querschläge sind durchgängig mit Eisenbahnschienen belegt, auf denen die Hunde nach dem Hauptförderschacht gestoßen werden.

Das Fördergestell, welches nur zur Aufnahme eines Hundes eingerichtet ist, läuft mittelst Leitrollen zu je 2 Spurlatten. Eine Fangvorrichtung ist nicht angebracht und dieselbe wohl auch entbehrlich, da die Mannschaften sich zur Einfahrt lediglich der Fahrten bedienen.

Bezüglich der Fördermaschine sei noch erwähnt, daß dieselbe eine recht alte Konstruktion besitzt, wie solche heutzutage beim Bergbau wohl kaum noch Verwendung finden dürften. Der liegende Dampfzylinder hat eine durchgehende Kolbenstange, woran gleichzeitig die Speisepumpe für den Kessel angebracht ist; durch eine besondere Einrückvorrichtung kann die Maschine entweder zur Förderung oder zur Wasserhaltung verwendet werden. Die Seilkörbe haben eine Breite von 46 cm. und einen Durchmesser von 1,75 m., zwischen beiden liegt das 16 cm. breite und 1,10 m. hohe Bremsrad, welches durch eine Handbremse angezogen wird. Da nur ein Cylinder vorhanden ist, so hat sich natürlich die Anbringung eines Schwungrades nötig gemacht, welches seinerseits wieder eine Zahnradübersetzung vom schnellen in den langsamen Gang erheischte. Die ganzen Schachtfördereinrichtungen einschließlich der Maschine sind derart, daß man sie gänzlich umgestalten und den weit ökonomischer arbeitenden und sicheren modernen Fördereinrichtungen Platz machen sollte. Der dortige Betriebsführer spricht sich zwar sehr lobend über die Vorteilhaftigkeit dieser Einrichtung aus, aber dies liegt wohl nur daran, weil er selbst mit den Fortschritten der Bergwerkstechnik nicht bekannt geworden ist.

## V. Grubenausbau

*Zum Ausbau der Schächte, Stollen, Strecken und Abbaue wird fast ausschließlich Holz der Rottanne verwendet und nur selten dienen eiserner Ausbau oder wirkliche Mauerung zur Verwahrung der Grubenräume, während Sicherheitspfeiler, Bergfesten und das Verfüllen mit Bergen ebenfalls zur Offenhaltung bezw. Stützung der Baue in Anwendung kommen.*

*Zur Zimmerung in Strecken und Stolln ist die Thürstockzimmerung nach deutscher Art ausschließlich im Gebrauch, während die Schleppschächte in Bolzenschrot- und der Hauptförderschacht in ganze Schrotzimmerung gestellt ist. Sowohl in den Schleppschächten als auch in den Strecken und Stolln liegen die einzelnen Geviere in der Regel 1 m. auseinander, und die Felder sind mit Schwarten verzogen. Bei den Schleppschächten ist die gewöhnliche Form für den Querschnitt eine länglich viereckige, derart, daß die langen Stöße parallel zum Hangenden und Liegenden sind; die Rahmen oder Geviere bestehen nun ebenfalls aus zwei langen Hölzern, den Jöchern, und aus zwei kürzeren, den Pfändungen oder Kappen. Die Festigkeit des Kohlengebirges ist an manchen Stellen jedoch so gering, daß die Thürstöcke nur wenige Centimeter von einander gesetzt werden können ja oft sogar ein Thürstock neben dem anderen steht; diese Ausbaumethode erfordert natürlich ganz beträchtliche Mengen von Grubenholz, das außerdem nach einer Reihe von Jahren wieder erneuert werden muß u. sofern eine derartig verzimmerte Strecke zur dauernden Förderung dient, dürfte es sich wohl empfehlen den solideren und haltbareren Eisenausbau anzuwenden.*

## VI. Wasserhaltung

*Die Wasserzugänge der Berghauptener Grube hängen fast lediglich unmittelbar von den Temperaturverhältnissen ab; im Winter und Sommer sind die Zuflüsse gering, während sie im Frühjahr und Herbst bedeutender werden. Da die meisten Wasser der Grube aus Tagewasser bestehen, so werden viele derselben auch nach dem Stolln gelöst, ein Teil freilich fällt auch in die Tiefbaue, wo sie mit den aus dem Inneren des Gebirges stammenden Wassern auf den verschiedenen Sohlen zusammenfließen und auf der untersten Sohle im Schachtsumpfe sich ansammeln. Von hier werden die Wasser mittelst Saugpumpe 6 – 7 m. in ein Reservoir und durch einen Drucksatz von der 3. Sohle bis auf die erste (die Stollnsohle) gehoben. Das Pumpwerk ist täglich ungefähr 9 Stunden in Thätigkeit und liefert pro 1 Minute 7,5 Kubikfuß Wasser.*

*Die Wasserhaltung ist sonach auf der Berghauptener Grube mit Wasserlösung und Wassergewältigung combiniert und entspricht den an sie gestellten Anforderungen. Der Motor für die Wasserhaltungsmaschine ist die Fördermaschine, welche nach Ausrücken der Fördertrommeln, durch Kopplung mit dem Pumpengestänge verbunden werden kann.*

## VII. Wetterversorgung

*Der Wetterwechsel wird auf der Berghauptener Grube durch einen natürlichen Wetterzug bewirkt, zu dessen Erzeugung die vorhandenen Niveauunterschiede zur Tagesoberfläche das wirksamste Mittel an die Hand geben.*

*Die frischen Wetter ziehen im Sommer durch den tiefen Berghauptener Stolln und den Hauptför-*
*derschacht ein und verteilen sich in den Grubenräumen, wozu die an geeigneten Punkten ange-*
*brachten Wetterthüren zur Regulierung beitragen. Der Auszug der Wetter erfolgt in der Regel*
*durch den Hagenbacher Hauptschacht und nur selten findet in der kälteren Jahreszeit ein umge-*
*kehrter Wetterzug statt.*

*Sofern bei Strecken- und Schachtbetrieb noch kein Durchschlag erfolgt ist, führen die aus Zink-*
*blech eingebauten Wetterlutten die nötige Menge frischer Wetter zu den Arbeitspunkten und ver-*
*hindern eine größere Ansammlung schlagender Wetter, die ab und zu aus den Kohlenflötzen aus-*
*treten. Es wird daher auch bei derartigen Betrieben vor Beginn der Arbeit stets mit der Sicher-*
*heitslampe vorgefahren, um die Arbeitspunkte auf die Anwendung des offenen Geleuchtes zu*
*prüfen. Die Instandhaltung der Sicherheitslampen liegt einem besonderen Mann ob, und auch*
*bei den einzelnen Kameradschaften sind die sog. Vorfahrer bestimmt, denen die Untersuchung*
*des Arbeitspunktes auf Schlagwetter obliegt. [...]*

*VIII. Aufbereitung u. Briquettfabrik*

*Die Trennung der einzelnen Kohlesorten nach Korngröße u. von den Bergen erfolgt nur über*
*Tage; es findet also irgendwelche Scheidung in der Grube nicht statt. Nachdem die Kohlen in*
*den Hunden bis zur Hängebank gelangt sind, werden sie nach der Aufbereitungsanstalt ge-*
*stoßen, woselbst sie zunächst durch eine Kippvorrichtung ihren Inhalt auf den Schüttelrost ent-*
*leeren, welches von den Kohlen wie sie aus der Grube kommen 2 Sorten bildet. Diejenigen*
*Stücke, welche nicht durch das Rost fallen, werden über ein Leseband geführt, auf dem durch*
*Handscheidung die Berge abgesondert und die zurückbleibenden Kohlen, als Stückkohlen, in die*
*Vorratsbehälter gebracht werden.*

*Alles, was durch das Schüttelrost, den Rätter, hindurchfällt macht den Waschprozeß durch. Ein*
*Becherwerk bringt das Material auf den höchsten Punkt der Aufbereitung, von dem aus mittelst*
*Separationstrommeln wiederum 3 Sorten gebildet werden. Das gröbste Gut wird in einer Grob-*
*kornsetzmaschine in zwei Klassen geschieden, welche zum Verkauf gebracht werden, und die*
*beiden anderen Sorten werden, nachdem sie in zwei Feinkornsetzmaschinen mit gleicher Sieb-*
*weite von den Bergen gereinigt worden sind, zur Fabrikation der Briquettes verwendet. Der Be-*
*trieb der Aufbereitung ist ein kontinuierlicher und die Trennung der Kohle von den Bergen ein*
*vollständiger.*

*Von den beiden Feinkornsetzmaschinen fällt das Gut in einen größeren Wasserkasten, aus dem*
*ein gelochtes Becherwerk (Entwässerungs-Becherwerk) dasselbe wiederum zu drei an einem*
*hochgelegenen Punkte der Aufbereitungsanstalt befindlichen Vorratstürmen hebt. Von diesen*
*Vorratstürmen führt eine Transportschnecke die erforderliche Menge auf den sog. Verteiltisch,*
*woselbst durch eine Schüttelvorrichtung gestoßener Asphalt, das Bindemittel für die Briquetts,*
*beigemengt wird; die innigere Mischung von Kohle und Asphalt wird in einer Schleudermaschi-*
*ne vervollständigt, welche das Material in einen Schacht fallen läßt und woraus ein Becherwerk*
*den Transport in die Anwärmemaschine besorgt.*

*Nachdem das Briquettmaterial auf ca. 80 ° angewärmt worden ist, so daß der Asphalt eben an-*

*fängt plastisch zu werden, führt eine Transportschnecke das fertige Gut auf die beiden Preßanlagen, welche bei zehnstündiger Arbeitsdauer 1600 Ctr. eiförmige Briquettes zu liefern vermögen. Sowohl die Aufbereitung als auch die Briquettefabrik arbeiten präcis, und dürfte die Anlage dieser beiden Anstalten, welche die Gesellschaft in runder Summe ca. 100 000 M gekostet haben, in hohem Grade zu einer größeren Rentabilität des ganzen Unternehmens beitragen. Nach einer mündlichen Rücksprache mit dem Betriebsdirektor haben sich die neuen Kohlebriquetts bereits in weitem Kreise eingeführt, so daß eine Besserung der finanziellen Verhältnisse der Offenburger Steinkohlenbergwerks-Gesellschaft wohl zu erwarten ist. Der Grubenbetrieb wird im wesentlichen ordnungsgemäß und mit der nötigen Sicherheit geführt; der verantwortliche Leiter derselben ist der Direktor Chr. Baer in Offenburg dem als weiteres Aufsichtspersonal der Obersteiger Schmidt, der Steiger Moritz und der Hilfssteiger Bidermann in Berghaupten beigegeben sind, welche vermöge ihrer praktischen Erfahrungen und sonstigen theoretischen Kenntnisse, wovon ich mich persönlich überzeugen konnte, zur Leitung und Überwachung zu den ihnen übertragenen Geschäften geeignet sind.*

*Die seitens des Bergmeisters getroffenen Anordnungen, welche mehr den Bestimmungen des neues Berggesetzes als den eigentlichen Betriebsverhältnissen Rechnung tragen, wurden, da ein Zechenbuch auf der Grube nochnicht vorhanden ist, [ ] dem Vorstande der Gesellschaft zugestellt.*

### Die Arbeiten in den Jahren 1893 und 1894

Gemäß dem Betriebsplan für das Jahr 1893 waren Mitte dieses Jahres insgesamt 50 Mann neben 3 Beamten in dem Betrieb tätig. 42 Mann waren unter Tage, die restlichen 8 Mann über Tage beschäftigt. Daneben waren 6 Arbeiter in der Schmiede und einer beim Zurichten der Hölzer angestellt. Der Abbau fand auf der 2. Sohle statt, wo zwei *Kohlenadern* ausgebeutet wurden, sowie auf der 3. und 4. Sohle, wo man jeweils ein Kohlenflöz abbaute (es ist nicht mehr genau nachvollziehbar, was die damaligen Berichterstatter als die 4. Sohle betrachteten, da dieses Niveau erst sehr viel später angelegt worden ist). Um weitere Vorräte zu erschließen, wurde auf der 2. Sohle ein Querschlag nach Süden vorgetrieben und die Richtstrecke auf der 3. Sohle nach Westen aufgefahren. Vier Mann kümmerten sich täglich um die Instandhaltung der Grubenzimmerung. Neben der 24 PS starken Fördermaschine erwähnt der Betriebsplan, dass die Kohlewäsche und *Briquetterie* über eine weitere, 30 bis 40 PS Leistung erbringende *Zwillingsmaschine* verfügten.

### Absatzprobleme im Jahre 1893

Wie die Steinkohlenbergwerk-Gesellschaft dem Bergmeister im Februar 1894 mitteilten, *mußten im verflossenen Jahre die Belegschaft wie die Förderung wegen Mangel an Absatz reduziert werden. Wir haben jedoch für das laufende Jahr von der Generaldir. der Gr. Bad. Eisenbahnen einen Auftrag von 60000 Ztr. Briquettes erhalten, welche zum Preise von M 15 per Tonne franco Gengenbach abgegeben werden, was uns ermöglicht, Belegschaft sowie Förderung wieder zu erhöhen.*

Bis zum Jahre 1894 wuchs die Belegschaft daher wieder auf 63 Arbeiter und 3 Beamte. Von diesen arbeiteten 55 Mann unter sowie 12 über Tage. Die Aufsicht führte neben einem Ober- und einem Untersteiger ein *Wasch- und Briquetteriemeister*. In der Kohlenwäsche und der Brikettfabrik waren 6 Mann im Wechsel beschäftigt, in der Schmiede ein Mann, zum Herrichten der Grubenhölzer 2 Mann, in der Kohlenscheune ein Mann und ein *Wagmeister*, im Maschinenraum und Kesselhaus je ein *Maschinenleiter* und ein Heizer.

Auf der 3. Sohle fuhr man die Feldstrecke, die gleichzeitig die Hauptförderstrecke war, dem Kohlenlager folgend weiter nach Westen vor. Anschließend wurde das Liegende und Hangende durch Querschläge erschlossen, um die Kohlenflöze auszurichten. Auch auf der 2. Sohle wurde weiter aufgefahren, insbesondere im 3. Trum, das auch auf der 1 1/2ten Sohle weiter nach Westen erschlossen wurde.

Der Querschlag auf der 3. Sohle sollte weiter aufgefahren werden, um das sogenannte VI. Kohlentrum, das bereits auf der 2. Sohle abgebaut worden war, in dem tieferen Niveau aufzuschließen. Auch auf der 2. Sohle wurde weiter Querschlagsvortrieb durchgeführt.

Man teufte einen Schleppschacht, der bereits auf der 3. Sohle im 3. Trum in Angriff genommen war, bis zur 4. Sohle weiter ab und fuhr anschließend nach Osten auf.

Die Abbaue hatten im Dezember 1893 10.314 Zentner Kohle geliefert, im Jahre 1894 sollten sie insgesamt rund 120.000 Zentner abwerfen. Insgesamt, so wurde im Folgejahr berechnet, verfuhr man 1894 in dem Betrieb 16.560 Schichten, davon 11.400 unter und 5.160 über Tage.

## Neuerungen zwischen September 1892 und Juli 1894

Das Kesselhaus wurde bis 1894 mit zwei neuen Dampfkesseln ausgestattet und an Stelle eines alten Schornsteins ein 37 Meter hoher neuer Kamin errichtet. Die Kesselanlage, die eine Gesamtheizfläche von 80 Quadratmetern umfasste, funktionierte nach Meinung der Betreiber *ganz vorzüglich, als Feuerung dient eine kleine in der Aufbereitung gewonnene Mißkohlensorte*. Der Bergbeamte bemängelte, dass der am Hauptschacht neu errichtete Pulverturm über keinen Blitzableiter verfügte, welcher baldmöglichst installiert werden sollte.

Um die Rentabilität der Grube zu erhöhen, plante die Gesellschaft, zunächst den Ort Gengenbach, später eventuell auch die Stadt Lahr mit elektrischem Strom zu versorgen. Hierzu sollte die Dampfmaschine, die die Aufbereitung und Kohlenwäsche antrieb, mit einer *Dynamomaschine* gekoppelt werden.

Bei dieser Gelegenheit stellte der Bergbeamte fest, dass in der Aufbereitung und Brikettfabrik keine jugendlichen oder weiblichen Arbeiter beschäftigt waren, wohl aber 3 Jugendliche unter 16 Jahren bei der Kohleförderung eingesetzt wurden.

## Ein tödlicher Unfall auf der Grube Berghaupten

Der Grubenarbeiter Karl Biedermann wurde im Alter von 38 Jahren am 5. September 1894 tödlich verletzt, als er auf der nördlichen 3. Sohle beim Abräumen von Nebengestein vermutlich mit

# Bestellung

## eines Hausanschlusses sowie der Stromlieferung dafür.

———— ❀❀❀ ————

D......... Unterzeichnete...... bestell.... zum Anschluss an das Leitungsnetz des Electrici-
tätswerks Berghaupten die Ausführung einer electrischen Beleuchtungs- oder Kraftübertragungs-
Anlage, sowie die Lieferung von electrischem Strom zu obigen Zwecken in nachstehendem Umfang
unter Anerkennung umstehender Bedingungen.

Es sollen eingerichtet werden:

### Glühlampen:

.......... Stück von 10 Normalkerzen,

.......... Stück von 16 Normalkerzen,

.......... Stück von 25 Normalkerzen.

### Bogenlampen:

.......... Stück für .......... Ampère,

.......... Stück für .......... Ampère.

### Electromotoren.

.......... Stück von .......... Pferdestärken

.......... Stück von .......... Pferdestärken.

**Gengenbach**, den.......... ten.......... 189

(Unterschrift des Bestellers) ..........................................

..........................................

28

Gengenbach, im Juli 1894.

## Die Unternehmerin des Electricitätswerkes Berghaupten:

# Steinkohlenbergwerksgesellschaft Offenburg.

Der Vorstand :

## Albert Mayer.

Gegenüberliegende Seite und oben:
Erstes Bestellformular für die Lieferung von elektrischem Strom durch das Elektrizitätswerk Berghaupten aus dem Jahre 1894. Die Stromproduktion erfolgte durch die Dampfmaschinen der Bergbaugesellschaft, die auch zum Betrieb der Aufbereitung eingesetzt wurden und sollte der Gesellschaft wirtschaftliche Entlastung bringen.

der Keilhaue oder mit einem Stufeisen in ein besetztes Bohrloch einschlug, das ihm am Tage zuvor versagt hatte. Daraufhin kam es zu einer Explosion, die den Bergmann sofort tötete. Eine Untersuchung zeigte, dass keine anderen Personen an dem Unglück Schuld trugen.
Ein weiterer Unfall ereignete sich im folgenden November, als der Bergmann Xaver Lienhard den kleinen Finger seiner rechten Hand verlor. Er war mit dem Auswechseln schadhafter Grubenhölzer auf der dritten Sohle beschäftigt, als ein Stein auf seine Hand fiel und den kleinen Finger abschlug.

## Die Grube Berghaupten liefert Elektrizität an Gengenbach und Berghaupten

Im Jahr 1894 hatte man auf der 3. Sohle die Feldstrecke im Streichen der Lagerstätte weiter nach Westen getrieben und Querschläge ins Hangende und Liegende angelegt. Dabei gelang es, im nördlichen Querschlag drei Kohlentrümer anzufahren, wovon eines zum Abbau vorbereitet wurde. Der südliche Querschlag war weniger erfolgreich, da die Kohlentrümer auskeilten. Auf der 2. Sohle *wurde der im Trummort vom 3ten Trumm angesetzte Querschlag bis zum Anhieb ins Hangende Trumm weiter fortgetrieben.* Mit dem Anfahren wurde in Kürze gerechnet. Diese Aufschlussarbeiten sollten auch 1895 fortgeführt werden. Auch der Abbau konzentrierte sich 1895 auf die 2., 3. und 3 ½. Sohle. Diese Abbaue haben in den letzten 3 Monaten des Jahres 1894 insgesamt 28.041 Zentner Kohle erbracht. Für 1895 wurde daher eine Kohlenfördermenge von 112.000 bis 115.000 Zentnern angestrebt.

Zu Beginn des Jahres 1895 umfasste die Belegschaft 68 Mann und 3 Beamte. Von der Belegschaft arbeiteten 46 Mann unter und 22 über Tage. Im Betriebsplan wurde erstmals auf das *Electricitätswerk Berghaupten* eingegangen:

*Die Bergwerksgesellschaft ließ das Electricitätswerk erbauen, um die Ortschaften Gengenbach und Berghaupten mit electrischem Strom versehen zu können welcher theils zu Lichtzwecken, Orts- und Privatbeleuchtung, theils für motorische Zwecke verwendet werden soll. Die Dynamomaschine ist eine Wechselstrommaschine von 42.000 Watt Leistung aus der Fabrik Actiengesellschaft Electricitätswerke, vorm. O. L. Kummer & Cie. Dresden; dieselbe arbeitet mit einer Spannung von 120 Volt. Die Magnete derselben werden von einer kleinen Nebenschluß-Gleichstrommaschine von 67 Volt Spannung erregt. Beide Maschinen haben einen Regulierwiderstand. Von der Maschine aus wird der Strom mittelst der Maschinen-Anschlußleitung zu den Sammelschienen auf dem Schaltbrette geführt & muß, bevor er zu diesem gelangt die Sicherung in beiden Polen sowie den Strommesser durchlaufen. Spannungsmesser für beide Maschinen befinden sich ebenfalls auf dem Schaltbrett.*

*Von den Sammelschienen aus wird mittelst zweier in beiden Polen gesicherten Leitung Strom für Bergwerkszwecke resp. Beleuchtung über Tage abgegeben, während zwei andere Leitungen zu den im oberen Stockwerke aufgestellten Transformatoren den Strom führen. Diese befinden sich in einem abgeschlossenen Raum für Unbefugte ganz unzugänglich. Von den Transformatoren hat jeder eine Capacität von 20000 Watt & wird dort der Strom von 120 auf 3000 Volt herauftransformiert. Sowohl die Primaer als auch die Secundaer Spulen der Transformatoren sind doppelpolig geführt. Von diesen Umformern aus wird der Strom in einer Stärke von ca. 14 Ampère bei 3000 Volt Spannung mittelst einer 12 m/m starken, auf Oelisolatoren verlegten, Kupferleitung nach der ca. 4 Kmt. entfernten Stadt Gengenbach geführt.*

*Neben den beiden Kupferdrähten ist ein verzinkter eiserner Stahldraht als Blitzschutz gezogen, welcher mindestens alle 500 m. mit der Erde in Verbindung steht. Außer dieser äußerst wirksamen Vorrichtung ist noch direct in die Kupferleitungen in Berghaupten, sowie vor jeden Transformator in Gengenbach je ein Blitzschutzapparat eingeschaltet.*

*In Berghaupten selbst ist im Schulhause ein kleiner Transformator aufgestellt, der den daselbst für einige dort montierte Lampen notwendigen Strom von 3000 Volt auf 120 Volt erniedrigt. Neben die Stromleitung ist eine Telegraphenleitung aus Broncedraht gezogen, dieselbe verbindet das Maschinenhaus in Berghaupten mit dem Bureau in Gengenbach.*

*Das Vertheilungsnetz selbst ist in Gengenbach nach Art des Freileitersystems ausgeführt & zwar beträgt die Spannung in den Leitungen 2 x ca. 120 Volt.*

*Die zum Zwecke des Heruntertransformierens der Stromspannung v. 3000 Volt notwendigen beiden Umformer in Gengenbach befinden sich an für Unbefugte gänzlich unzugänglichen Orten. Der eine ist im alten Stadtthorthurm & der andere in einem eigens dazu erbauten Thurme in der Nähe der Stadt Gengenbach.*

*Es ist bis jetzt an das Werk ein Stromäquivalent von ca. 700 Lampen à 16 NK [Normalkerzen] angeschlossen. Kreuzungen der Leitungen kommen nur einmal mit dem Reichstelegraphen & dem Bahntelegraphen vor; es geschehen diese nach den Vorschriften der Kaiserl. Ober-Post-Direction Konstanz.*

*Bei sämtlichen Wegübergängen sind unterhalb der Drahtleitungen Fangnetze angebracht, sodaß, falls wirklich mal in Folge Sturmes od. falls ein Drahtbuch eintreten sollte, das herunterfallende Ende im Netze aufgefangen wird. Der Übergang über die Kinzig geschieht folgendermaßen: dicht hinter dem Vorland ist auf beiden Seiten ein ca. 17 Mtr. hoher Mast aufgestellt, an denen je ein Querträger aus 70 m/m L-Eisen angebracht ist. An diesen Trägern sind zwei Seile aus Tiegelgußstahldraht befestigt, die untereinander Querverbindungen besitzen. Diese letzteren tragen die Isolatoren für die Strom- und Telegraphenleitungen. Der Abstand der beiden Holzmasten beträgt 105 Meter. Die gesammte Anlage wurde durch die Fa. H. Taaks, Ingenieur-Bureau für Elektrotechnik & Maschinenbau, Stuttgart, Generalvertretung der Actien-Gesellschaft Elektricitätswerke vorm. O. L. Kummer & Cie. Dresden ausgeführt & im November v. J. in Betrieb gesetzt.*

## Wirtschaftliche Schwierigkeiten zum Ende des Jahres 1895

Der Bergbeamte äußerte sich in einem Fahrbericht vom 19. Dezember 1895 beeindruckt von den neuen Aufschlüssen in der Grube, denen er daher besondere Aufmerksamkeit widmete:
*Die gegenwärtigen Aufschlüsse im 2. und 3. Trum auf der II. Sohle und im 3. Trum auf der III. Sohle sind nicht allein vom technischen Gesichtspunkte aus bemerkenswert gut, sondern sie liefern auch über die Art der geologischen Erscheinungsform der Kohleformation interessante Daten. Das Auskeilen des einen Trumes, die Verdrückung und linsenförmige Bildung der Flötzchen und die Fortsetzung derselben nach Art lentikulärer Gangspalten war bei meiner jüngsten Anwesenheit gut zu beobachten und bot einen schönen Einblick in die vermutliche Genesis jener komplizierten Ablagerung.*

Es war jedoch nicht zu übersehen, dass die Gesellschaft mit größeren wirtschaftlichen Problemen konfrontiert war:
*Mit der Einrichtung einer übertragbaren Kraft- und Lichtquelle auf der Kohlengrube hoffte man den Konsum auf dem eigenen Werk möglichst zu steigern, um für den verminderten Kohlenabsatz nach außen nicht nur ein entsprechendes Gegengewicht zu schaffen, sondern auch die Rentabilität der ganzen Anlage wesentlich zu erhöhen, denn seit Einrichtung der Aufbereitung und der neuen Kesselanlage war das Ausgabekonto der Gesellschaft beträchtlich angewachsen. Diese Hoffnung scheint sich jedoch nicht oder nicht in dem Maße erfüllt zu haben, daß eine Liquidation der Bergwerksgesellschaft in Offenburg verhindert werden konnte, denn vor wenigen Monaten hat die Steinkohlenbergwerks Gesellschaft in Offenburg thatsächlich liquidiert und bei meiner Anwesenheit war das Verfahren soweit gediehen, daß die gesamten Anlagen in Berghaupten durch Kauf in den Besitz eines Straßburger Bankhauses übergegangen wären, wenn nicht einer der Gläubiger Einspruch erhoben hätte. Zur Zeit ist mir über den weiteren Verlauf*

**W.194. Offenburg.**

# Steinkohlenbergwerks- Verkauf.

Mit Zustimmung des Konkursverwalters wird das zu Berghaupten, Hagenbach und Diersburg gelegene, der Aktiengesellschaft **Steinkohlenbergwerks-Gesellschaft Offenburg** bisher zugehörige Steinkohlenbergwerk, bestehend in Muthungen, Gebäuden, Wiesen, Ackerland, einem Elektricitätswerke und allen zum Betriebe erforderlichen Maschinen und Geräthen, im Werthanschlage von 120,000 M.,

**Samstag den 29. Februar d. J., Nachmittags 4 Uhr,**

in meinem Geschäftszimmer dahier einer letzten Versteigerung ausgesetzt, wobei der Zuschlag dem höchsten Gebote sofort ertheilt wird.

Die Bedingungen können bei dem Unterzeichneten inzwischen eingesehen werden.

Offenburg, 25. Februar 1896.
Der Großh. Notar:
Helbling.

Versteigerungsanzeige für das Steinkohlenbergwerk in Berghaupten vom Februar 1896.

*noch nichts bestimmtes bekannt worden, jedoch gebe ich mich der Hoffnung hin, daß eine längere Betriebseinstellung nicht eintreten wird, welche fast einem Auflässigwerden der Grube gleichkäme, da durch das Aufgehen der Wasser in wenig Monaten den Grubenbauen ein Schaden zugefügt werden könnte, der nur mit beträchtlichen pecuniären Opfern wieder auszugleichen wäre.*

## Konkurs und Neubeginn der Grube Berghaupten unter Carl Ringwald

Im Februar 1896 erreichte die Bergbehörde die Nachricht, dass die Steinkohlenbergwerks-Gesellschaft zum 4. Dezember 1895 in Konkurs ging. Die Grube wurde jedoch weiter betrieben, da der Konkursverwalter Hambrecht die Hoffnung hatte, einen Interessenten für die Übernahme des Werks zu finden. Auch Direktor Baer wurde weiter beschäftigt, doch sah dieser sich aufgrund der unklaren Zukunftsaussichten nicht in der Lage, einen Betriebsplan zu erstellen. Im Februar entschied sich der Konkursverwalter dann aber doch, die Grube stillzulegen und die Liegenschaften zu versteigern. Den 60 Bergleuten und 3 Angestellten wurde daher zum Ende Februar 1896 gekündigt. Die Bergbehörde sprach sich umgehend, aufgrund der drohenden Flutung der Grube, gegen eine Betriebseinstellung aus.

In dem schließlich doch noch eingereichten Betriebsplan wies Baer aus, dass im Jahre 1896 bei Weiterbetrieb der Grube weiter die 2., 3. und 3 ½. Sohle in Abbau stehen sollte. Insgesamt war der Abbau von 104.000 Zentnern Steinkohle geplant. Im Januar des Jahres hatte man hiervon bereits 8.460 Zentner gewonnen. Baer führte aus, dass die Dampfmaschinen tagsüber der Förderung, Wasserhaltung und dem Antrieb der Aufbereitung dienen, während sie nachts Strom erzeugen. Man hatte keine Änderungen an der Anlage zur Elektrizitätserzeugung mehr vorgenommen, da sowohl die Dampfmaschine als auch die dazugehörigen Dampfkessel nicht ausreichen würden, mehr Strom zu liefern.

*Gegründet 1857.*

# C. A. Ringwald

## Rohtabak-Handlung

**Emmendingen** und **Mannheim.**

L A G E R
in
**Bühlerthaler, Breisgauer,
Pfälzer und Elsässer Tabaken.**

*Giro-Conto:*
*Reichsbanknebenstelle Freiburg i. Br.*

Steinkohlenbergwerk
Berghaupten.

Kohlenwäsche und Briketfabrik.

Berghaupten, den
bei Gengenbach i. Bd.

Briefköpfe von Carl Ringwald (oben) und von seinem im Mai 1896 neu erworbenen Bergwerk Berghaupten (unten). Beide Briefköpfe stammen von Mitte 1896.

Am 29. Februar 1896 wurde das Bergwerk mit dem zugehörigen Elektrizitätswerk und allem Inventar zur Versteigerung gebracht. Es ging dabei zusammen mit drei Grubenfeldern auf den Gemarkungen Berghaupten, Zunsweier, Diersburg und Niederschopfheim in den Besitz des Hoteliers Albert Mayer in Offenburg über, der bisher schon Vorstand der Gesellschaft gewesen war. Bereits am 9. Mai desselben Jahres fand ein weiterer Eigentümerwechsel statt, indem Carl Johann Ringwald in Emmendingen, Sohn des bereits früher hier tätigen Carl August Ringwald, sämtliche auf den Gemarkungen Diersburg, Zunsweier, Niederschopfheim und Berghaupten befindlichen Liegenschaften mitsamt dazugehöriger Rechte und Gerechtsame von Mayer zum Preis von 9.000 Mark (andere Quellen nennen einen Betrag von 32.000 Mark) kaufte. Der Umfang der tatsächlich verkauften Güter und die wirklichen Rechte Mayers waren bereits zum Zeitpunkt des Verkaufs und noch mehrere Jahre später gerichtlicher Streitpunkt zwischen Mayer und der Fürstlich von der Leyen'schen Standesherrschaft in Waal. Der Streit konnte erst durch einen Vergleich und Zahlung von 5.000 Mark von Mayer an die Standesherrschaft im Januar 1901 beigelegt werden. Auch um die Rechte am Feld Hagenbach gab es Unklarheiten. Mayer protestierte im Dezember 1896 dagegen, dass Ringwald von der Grube Berghaupten aus unter dem weiterhin ihm gehörenden Feld der Grube Hagenbach Kohlen abbauen würde.

Zum Leiter des nun wieder eröffneten Betriebs bestellte Ringwald den Ingenieur Ernst Frohwein zu einem Jahresgehalt von 3.000 Mark und freier Wohnung in Berghaupten. Unter ihm wurde die Grube zur Jahresmitte 1896 wieder zur Förderung vorbereitet. Frohwein hatte vor seiner Tätigkeit in Berghaupten vom 1. Juni 1891 bis zum 25. Oktober 1895 die Arbeiten auf den Blei- und Zinkerzgruben Prinz Wilhelm und Wilhelm II und die dazugehörige Aufbereitung bei Velbert geleitet, so dass das Badische Bergamt umgehend seine Befähigung zur Leitung der Grube Berghaupten anerkannte.

Der Betriebsplan für das Jahr 1897 sah vor, die westlichen Teile des VI. und VII. Trummes auf der 2. Sohle sowie des VII. Trummes auf der 3. Sohle auszurichten und gegebenenfalls zum Abbau vorzurichten. Außerdem plante man, etwa 20 Meter südwestlich des alten Alexandrinenschachtes einen neuen Maschinenschacht bis 180 Meter Teufe niederzubringen, wodurch das Kohlenvorkommen bis zu 60 Meter unter der bisherigen tiefsten Sohle erschlossen würde. Der Schacht sollte die Dimensionen von 2,20 m auf 1,85 m im Lichten erhalten und 2 Fördertrümer sowie ein Fahrtrum aufnehmen.

Die Förderung in dem Schacht sollte zunächst durch einen Zwillings-Dampfhaspel erfolgen. Die zudringenden Wasser waren zu gegebener Zeit durch eine Pumpe (eine sogenannte Automatpumpe) auf die 3. Sohle zu heben und dort dem alten Schacht zuzuführen. Den zur Wasserhebung benötigten Dampf sollte ein stehender Röhrenkessel mit rund 25 Quadratmetern Heizfläche und 8 Atmosphären Überdruck liefern.

Im Rahmen dieses Neuaufschlusses wurde beabsichtigt, die 2. Sohle praktisch vollständig abzuwerfen und künftig das Fördergut der 2. Sohle durch einen neu anzulegenden Blindschacht auf der 3. Sohle zu sammeln und von dort aus zu fördern.

Die Förderung sollte sich 1897 zunächst in den noch anstehenden Kohlenmitteln auf der 2. und 3. Sohle bewegen, vor allem im IV., V., VI. und VII. Trum.

Anthracitkohlenbergwerk
**Berghaupten**
(Station Gengenbach)
Kohlenwäsche
Briquettfabrik.

Berghaupten, den 1. Juli 1896.

## P. P.

Hiermit beehre ich mich Ihnen mitzuteilen, dass das Kohlenbergwerk Berghaupten durch Kauf an die Firma C. A. Ringwald, Emmendingen, übergegangen ist und dass mir von derselben die Leitung des Geschäftes übertragen wurde. Im westfälischen Kohlenbergbau praktisch bewandert, wo ich lange Jahre als Betriebsleiter thätig war, werde ich bemüht sein, durch richtiges Sortiment und fachgemässe Behandlung allen Anforderungen zu entsprechen, welche an eine gute für den Hausbrand geeignete Kohle gestellt werden. Es ist mir bereits gelungen, eine Anthracitkohle aufzuschliessen, welche der besten westfälischen Kohle in ihren Eigenschaften als Haus- und Herdbrand nicht nachsteht.

Nach dem Urteil des Herrn Professor Dr. Meidinger (siehe bad. Gewerbezeitung Band IX) ist diese Berghauptener Kohle eine der wenigen Kohlensorten, die vollkommen rauch-, russ- und geruchfrei ist, keinen Schwefel enthält, sondern beim Verbrennen nur eine der Holzasche ähnliche Asche hinterlässt. Diese vorzüglichen Eigenschaften, welche Herr Professor Meidinger, bekanntlich die grösste Autorität auf diesem Gebiete, rückhaltlos anerkennt, qualificiert die richtig geförderte und sachgemäss behandelte Berghauptener Kohle zu Hausbrand in hervorragendster Weise. Die Berghauptener Kohle ist fast reiner Kohlenstoff, muss aber, wie jede Anthracitkohle, vorsichtig unter Dach und Fach aufbewahrt werden, da sich beim Nasswerden und Gefrieren sowie unvorsichtigen Auf- und Abladen leicht Gries bildet. Insbesonders mache ich Sie auf die nur aus gewaschener reiner Kohle hergestellten Briquettes sowie die für amerikanische Öfen sowie Füllöfen vorzüglich geeignete Anthracit-Nusskohle aufmerksam, welche letztere der belgischen Kohle gleichkommt.

Die Vertretung für                    hat

übernommen, welcher nicht allein ein ständiges Lager halten, sondern auch grössere Bestellungen p. Axe und Waggon billigst und rasch möglichst effectuieren wird. Bestellungen können auch direkt bei der Grubenverwaltung gemacht werden.

Indem ich mich der angenehmen Hoffnung hingebe, auf Berghauptener Anthracitkohle bald Ihren Auftrag zu erhalten, sendet Ihnen ein

hochachtungsvolles Glückauf!

**Die Grubenverwaltung des Anthracit-Kohlenbergwerkes Berghaupten.**

E. Frohwein, Kohlen-Ingenieur.

Schreiben von Ernst Frohwein an die Kunden des Steinkohlenbergwerks Berghaupten mit Informationen über die neuen Besitzverhältnisse sowie die Vorzüge der Berghauptener Kohle. Das Schreiben datiert vom Juli 1896.

# ⚒ Steinkohlenbergwerk Berghaupten. ⚒
## bei Gengenbach in Baden.

---

# Gebrauchsanweisung
### für die
## Berghauptener Kohle.

---

Die Berghauptener Kohle verbrennt vollständig russ-, rauch- und geruchfrei.

Da unserer Kohle eine Anthracitkohle ist und etwas schwer anbrennt so ist es, bevor mit derselben geheizt wird, vor allen Dingen nothwendig, den Herd oder Ofen in allen seinen Zügen und Rohren etc. gründlich zu reinigen um einen guten Zug zu erzielen.

Auf ein gutes Holzfeuer deckt man mit einigen Schaufeln Kohlen, wartet bis diese ziemlich verbrannt sind und schüttet dann recht kräftig auf.

Man hat dann nicht mehr nöthig nach dem Ofen zu sehen bis es anfängt unter dem Roste dunkel zu erscheinen und wird dann am besten thun mit dem flachen Schüreisen, horizontal gehalten, zwischen Glut und Rost einmal hin und her zu fahren und deckt dann wiederum, aber gleichmässig an allen Stellen das Feuer mit Kohlen, jedoch nicht zu hoch.

Beim Durchfahren mit dem Feuerhaken resp. Schüreisen hüte man sich das Feuer zu sehr durch einander zu werfen.

Da unsere Kohle mehr Asche abgibt als wie andere Kohlen, so ist obiges Verfahren das vortheilhafteste und der Rost wird sofort von Asche frei sein. —

Russ setzt unsere Kohle auch nicht im Geringsten ab und ist es absolut nicht nöthig den Ofen oder Rohre vor einem halben Jahre zu reinigen und wird man dann höchstens nur etwas Flugasche finden, die ja leicht zu entfernen ist und keine so unangenehme Arbeit verursacht, als bei Gebrauch von Ruhr- und Saarkohlen.

Will man ein ruhiges und lang anhaltendes Feuer erzielen, so deckt man ein gutes Kohlenfeuer so stark wie irgend möglich und schliesst danach sofort sämmtliche Thüren und Rosetten. Man erhält damit für mindestens 12 Stunden ein angenehmes Feuer ohne nach dem Ofen sehen zu müssen.

Zu den **verschiedenen Feuerungen** empfehlen wir folgende Sorten:

**Stückkohlen,** verwendet man am besten in Herden, gewöhnlichen Öfen, Kachelöfen, Waschkesseln und Brennereien etc.

**Nusskohlen I** von $^{25}/_{50}$ mm und **Nusskohlen II** von $^{10}/_{25}$ mm Grösse, gewaschen und gesiebt, für Dauerbrandöfen aller Systeme; amerikanische, sowie für Junker & Ruh-Öfen etc.

Hierbei hat man zu beobachten, dass der grössere Aschenfall durch häufigeres Rütteln entfernt wird.

**Nusskohlen IV** für Herd und sonstige kleinere Feuerungen.

**Brikets,** in Eier- und Backsteinform, sind überall da zu verwenden, wo es auf langsames und gleichmässigeres Feuer ankommt.

**Für Industriezwecke** sind folende Sorten zu verwenden:

Förderkohle, Grieskohle und Nusskohle IV eignen sich sehr gut für Backsteinbrennereien sog. Feldbrand, Röstereien, Darren. Nuss IV u. Grieskohle als Feuerungsmaterial für Kesselanlagen überall da, wo Unterwindgebläse resp. Sparfeuerung eingerichtet ist.

Eine solche Anlage befindet sich auf unserem Werk; dieselbe fünktionirt tadellos und kann zu jeder Zeit eingesehen werden.

Anleitung zum Gebrauch der Berghauptener Kohle aus dem Jahre 1896.

36

## Die Neumutung des Albert Mayer

Im Juni 1897 wurde für die neue Steinkohlenmutung „Hilda" durch Albert Mayer der Schlusstermin abgehalten. Im Zusammenhang damit erkundigte sich Mayer bei der Bergbehörde, ob er der Fürstlich von der Leyen'schen Standesherrschaft Abgaben für die Ausbeute des eventuell durch ihn wieder zu eröffnenden Bergwerks in Hagenbach zahlen müsste. Nach Rücksprache mit der Gr. Badischen Domänendirektion als der oberen Bergbehörde wurde dies bestätigt, da die neue Badische Berggesetzgebung an den „Alten Rechten" der Standesherrschaft nichts geändert habe. Demnach stünde ihr trotz widersprechender Gesetzgebung das althergebrachte, alleinige Recht zum Abbau der Kohlevorkommen zu, das sie jedoch selbstverständlich gegen Erhebung einer Abgabe abtreten könnte.

## Hoffnungsvolle Entwicklung des Grubenbetriebs 1897

Ein Bergbeamter wies anlässlich einer Revision im Jahre 1897 darauf hin, dass die Bergwerksgesellschaft dem eingereichten Betriebsplan weitgehend gefolgt ist. Außerdem stellte er unter anderem Folgendes fest:
*Die Steinkohlengrube bei Berghaupten ist mit dem Uebergang an C. Ringwald in Emmendingen in ein vollständig neues Stadium ihrer Entwicklung getreten, und zwar hat sich seitdem die Grube mehr und mehr gehoben, so daß zur Zeit und schon seit mehreren Monaten die Nachfrage die Förderung übersteigt. [...]*
*So kam es unter dem erfahrenen Bergingenieur Frohwein, daß der Förderung durch Auffahren einiger Querstollen bis zum Schacht ein kürzerer Weg gegeben werden konnte, daß Schachtzimmerung und Fördergestell eine gründliche Reparatur und Verbesserung (Anbringung von Leitbäumen) erfuhren und daß endlich von der Gewinnung und Förderung alle jene Kohlentrümer ausgeschlossen werden, welche eine minder gute Kohle führen; besonders der letztere Umstand im Verein mit dem Bestreben, durch geeignete Reklame die Nußkohle für die Dauerbrandöfen und die Förderkohle durch Verwendung geeigneter Feuerungen oder Mischungen (mit Saarkohle) für Kesselheizung einzuführen, haben auf die Entwicklung des Berghauptener Kohlenwerks entscheidend und günstig eingewirkt. [...]*
*Kohlenvorräte auf der Grube gibt es seit Anfang dieses Jahres nicht mehr, die Vorrichtungsarbeiten sind schon seit Jahren mangels geeigneter Leitung – natürlich auch wegen des damaligen geringen Absatzes – nicht so ausgedehnt worden, daß sie jetzt den Gewinnungsarbeiten entsprechen, und die Werksleitung ist daher zunächst damit beschäftigt, zum Abbau vorzurichten. [...]*
*Der Kohlengrus, welcher aus der Förderkohle und in der Aufbereitung fällt, wird zur Brikettfabrikation benutzt, und zwar werden jetzt nicht nur solche in Eiform, sondern auch in Backsteinform hergestellt; erwähnenswert ist, daß das früher mit der Kohlenwäsche verbundene Elektricitätswerk sich seit vergangenem Jahre im Orte Gengenbach selbst befindet und nichtmehr zum Eigentum der Grube gehört. [...]*

Bezüglich einer kürzlich erfolgten Schlagwetterexplosion, die glücklicherweise ohne Folgen geblieben war, wurde bemerkt:

*Die Entzündung der schlagenden Wetter fand auf 1 ½ Sohle beim Einschlagen in alte Baue statt; die Arbeiter führen immer Sicherheitslampen mit sich, um die Arbeitsstelle vor Beginn der Arbeit auf schlagende Wetter zu untersuchen. Auch im vorliegenden Fall wurde noch mit der Sicherheitslampe geprüft, das Ort war frei von Schlagwettern, und drangen dieselben erst allmählich aus den alten Bauen heraus, sie entzündeten sich am offenen Geleucht längs der Firste ohne jedoch die Arbeiter zu verletzen. Die Menge des explosiven Gases war offenbar nur sehr gering, und der Wetterzug genügte, die noch ausströmenden Grubengase so schnell wegzuführen oder zu verdünnen, daß eine weitere Explosion nichtmehr stattfinden konnte.*

## 1898: Die Grube Berghaupten ist der bedeutendste badische Bergbaubetrieb

Im Jahre 1898 plante die Gesellschaft, weiterhin auf der oberen, der 1 ½., 2. und 3. Sohle Kohlen abzubauen. Dort wurden noch Vorräte von 34.000, 56.000, 42.000 und 40.000 Zentnern erwartet. Man setzte einen neuen Stollen *am Thalgehänge* an, der die im oberen Stollen in Abbau befindlichen Kohlenmittel erneut ausrichten sollte. Außerdem war erneut die Auffahrung verschiedener Querschläge projektiert. Der bereits im letzten Jahr geplante neue Maschinenschacht sollte nun endgültig mit einem Querschnitt von 2,60 x 2,50 Metern in Angriff genommen werden. Auch im Bereich der Grube Diersburg war durch Anlage eines Stollens im unverritzten Feld die Suche nach weiteren Kohlenvorräten vorgesehen.

Im Dezember 1898 nannte ein Bergbeamter die Grube Berghaupten *das bedeutendste badische Bergwerksunternehmen.* Er lobte insbesondere den rationellen Betrieb, den Frohwein auf der Grube eingeführt hatte und die Tatsache, dass die Aus- und Vorrichtungsarbeiten nun gegenüber dem Abbau stets den notwendigen Vorsprung hatten, *um jederzeit die Förderung auf gleicher Höhe zu halten.* Die Förderung betrage jedoch aufgrund der abgelegenen Lage der Grube und der langen Transportwege zur Bahn immer noch nur rund 4.000 Tonnen pro Jahr. Vor allem bei Kesselanlagen mit Dampfstrahlgebläsefeuerung, wie sie auf der Grube in Gebrauch waren, zeige die Berghauptener Kohle sehr gute Heizwerte.

Der Abbau geschah noch immer durch eine Art Firstenbau mit vollständigem Bergeversatz. Die neuen Ausrichtungsarbeiten dienten jedoch nicht nur der Aufsuchung neuer Kohlenvorräte, sondern oft auch der Verkürzung der vom vorigen Besitzer übernommenen, zum Teil sehr langen Förderwege.

Man war zum Zeitpunkt der amtlichen Befahrung gemäß der Planungen gerade dabei, den neuen Maschinenschacht abzuteufen, der rund 300 Meter talaufwärts der gegenwärtig genutzten Schachtanlage nahe dem alten Alexandrinenschacht angesetzt war. Die Abteufarbeiten waren in einer Tiefe von 92 Metern angelangt. Mit Beginn des Jahres 1899 sollten 100 Meter Teufe erreicht sein. Die zugehörige Fördermaschine und Haspelanlage war während der Abteufarbeiten bereits in Betrieb genommen worden. Seit 1898 hatte man außerdem neben der Schachtanlage einen obersten (3.) Stollen in Betrieb genommen, der durch Auffahrung nach Westen ein immer-

*Donaueschingen, den 6. April 1898.*

*Herrn C. A. Ringwald*

*Emmendingen*

*In höfl. Beantwortung Ihrer gefälligen Anfrage teilen wir Ihnen gerne mit, daß wir mit der uns bisher gelieferten Berghauptener Kohle bezügl. Qualität & Heizeffect, zufrieden sind. Wir verwenden Ihre Kohle in Verbindung mit der Cornel. Schmidt'schen Sparfeuerung zur Heizung eines unserer Dampfkessel, wobei eine rauchfreie Verbrennung des Heizmaterials stattfindet.*

*Hochachtungsvoll!*

*„ Fürstlich Fürstenbergische Brauerei*
*Donaueschingen.*

---

Empfehlungsschreiben der Fürstlich Fürstenbergischen Brauerei in Donaueschingen:
*In höfl. Beantwortung Ihrer gefälligen Anfrage teilen wir Ihnen gerne mit, daß wir mit der uns bisher gelieferten Berghauptener Kohle bezügl. Qualität & Heizeffect zufrieden sind. Wir verwenden Ihre Kohle in Verbindung mit der Cornel. Schmidt'schen Sparfeuerung zur Heizung eines unserer Dampfkessel, wobei eine rauchfreie Verbrennung des Heizmaterials stattfindet.*

Gruppenbild der Belegschaft der Grube Berghaupten, aufgenommen an dem noch heute erhaltenen Denkmal aus dem Jahre 1881. Unter den 55 abgebildeten Belegschaftsmitgliedern ist ein Kind (links oben), das jedoch möglicherweise nur für die Aufnahme, als Bergmann verkleidet, zu der Gruppe gestoßen ist. Bei den beiden Herren im Anzug (ganz links und links der Bildmitte) könnte es sich um Ernst Frohwein und Direktor Baer handeln. Leider ist nicht bekannt, wann dieses Bild aufgenommen wurde, doch erscheinen die Jahre um die Jahrhundertwende aufgrund der Mode passend. Auffallend ist, dass einige der Belegschaftsmitglieder die charakteristische Bergmannsuniform des Erzgebirges tragen, während die Mehrzahl zivile Arbeitskleidung trägt.

40

hin 8 Meter mächtiges Kohlenmittel erschlossen hat. Durch ein Gesenk wurde dieser Stollen mit dem sogenannten Oberen (2.) Stollen verbunden.

*Den westlichsten Teil des Kohlengebiets sucht man mit einem Stolln nahe bei Diersburg im „Burggraben" zu erschließen. Der Stollen ist auf einem großen Teil seiner Länge in dem groben Konglomerat aufgefahren, das [...] der Kohlenformation zugerechnet wird. Die Lagerungsverhältnisse dieses Konglomerates würden sich auf Grund der Aufschlüsse im Stollen gewiß gut beobachten lassen, sind jedoch nicht so einfach, daß bei der Befahrung bereits ein festes Urteil darüber gewonnen werden konnte.* Dieser sogenannte *Diersburger Stollen* wurde wenig später wegen mangelnder Fündigkeit bei einer Länge von 140 Metern wieder eingestellt.

## Bringen die Teufenaufschlüsse Kohlen für die badischen Salzsiedereien?

Der Abbau bewegte sich im Jahre 1899 wieder auf der 3., 2., 1 ½. und der oberen (3.) Stollensohle. Das im neuen Tagesstollen angefahrene Mittel konnte auf 40 Metern Länge nachgewiesen werden. Der Stollen hatte nun noch in zweites, bis zu 3 Meter (später sogar 4 bis 5 Meter) mächtiges Trum erreicht. Der neue Schacht sollte bis März mit der 3. Sohle zum Durchschlag gebracht werden. Anschließend waren mit einem größeren lichten Querschnitt von 2,50 x 3,10 Metern weitere 60 Meter abzuteufen (bislang betrug der Querschnitt 2,60 x 2,50 Meter), um der Wasserhaltung mehr Raum geben zu können.

Im April 1899 schloss sich ein Bergreferent aus Dürrheim einer Grubenbesichtigung in Berghaupten an, um einen Eindruck von den noch vorhandenen Kohlenvorräten zu gewinnen. Hintergrund war, dass man zur Verwendung der einheimischen Steinkohlen bei der Salzsiederei eines der dortigen Sudhäuser umzubauen plante. In dem entsprechenden Bericht wurden die Kohlenvorräte als gut eingeschätzt. Es wurde jedoch ausführlich dargelegt, dass sich eine auch nur halbwegs verlässliche Abschätzung der Vorräte aufgrund der außerordentlich starken Störungen des Gebirges und der Faltung der Lagerstätte nicht durchführen ließe. Einige Gutachter gingen aber durchaus von weiteren bedeutenden Vorräten aus.

Im Mai hat der neue Schacht die 3. Sohle erreicht. Er war vollständig mit Eichenholzzimmerung ausgebaut.

Im Dezember 1899 erreichte die Badische Domänendirektion die optimistisch stimmende Nachricht von Ringwald, dass in einem *etwa 1000 Meter vom Berghauptener Grubenfelde entfernt gelegenen Fundschachte das Kohlengebirge in regelmäßiger annähernd horizontaler Lagerung angetroffen worden sei.* Daher wurde der Bergmeister mit einer näheren Untersuchung dieser später „Großherzog Friedrich-Schacht" genannten Anlage beauftragt, um weitere Informationen für den möglichen Bau eines eigens mit Berghauptener Kohle beheizten Siedehauses in Dürrheim zu erhalten.

Die Abbauarbeiten im Jahr 1900 sollten sich derweil in der bisherigen Grube auf der 2. und 1 ½. Sohle sowie im Oberen (2.) und Neuen (3.) Stollen bewegen. Insgesamt waren zu diesem

Zeitpunkt nach Schätzung der Betriebsführung folgende Kohlenmengen vorgerichtet:

| | |
|---|---|
| 2. Sohle | 30.000 Zentner |
| 1 ½. Sohle | 100.000 Zentner |
| Oberer Stollen | 70.000 Zentner |
| Neuer Stollen | 280.000 Zentner |

Der Neue (3.) Stollen hatte im Vorjahr die hangenden Magerkohlenflöze überfahren. Nun sollten die im Hangenden befindlichen Fettkohlenflöze angefahren werden. Im Hagenbacher Feld, das mittlerweile offenbar auch endgültig in Ringwalds Besitz übergegangen war, wollte man vom Richtschacht aus einen neuen Stollen etwa 200 Meter weit nach Westen treiben, um anschließend die Kohlenführung im Liegenden und Hangenden näher untersuchen zu können.
Auch im Oberen (2.) Stollen sollten die Flöze weiter untersucht und zur weiteren Erschließung des Feldes eine Richtstrecke nach Westen vorgetrieben werden.
Der neue Maschinenschacht war entgegen der ursprünglichen Planung noch nicht unter die 3. Sohle vertieft worden. Dies sollte im Jahre 1900 nachgeholt werden.

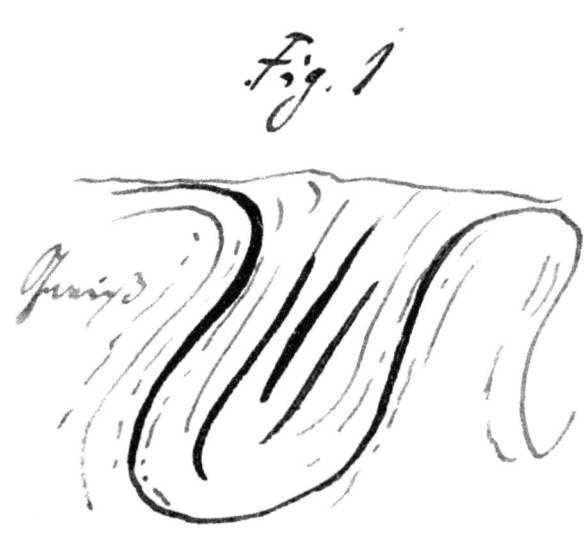

Skizze von Bergmeister Buchrucker aus dem Jahre 1899, mit der er seine Vorstellung von den Lagerungsverhältnissen der Berghauptener Steinkohle illustrierte. Das zwischen mächtigen Gneisrücken förmlich eingeklemmte Karbonvorkommen wäre demnach wie die Seiten eines Heftes zusammengefaltet, wodurch die Kohlenflöze in eine beinahe vertikale Stellung gekommen sind.

Im Oktober dieses Jahres erfolgte erneut eine Befahrung der Grube Berghaupten durch Bergmeister Buchrucker, der von Obersteiger Moritz begleitet wurde:

*Erwähnenswert sind die Arbeiten auf der Sohle des neuen Stollens. Die nach dem letzten Fahrbericht angefahrenen mächtigen Kohlentrümer sind vollständig abgebaut, so daß sich also die damalige Hoffnung auf mächtig entwickelte und nachhaltige Kohlenmengen nicht erfüllt hat; wohl sind mit der Richtstrecke und auch mit den querschlägig nach Nordwesten und Südosten aufgefahrenen Strecken neue mehr oder weniger mächtige Kohlentrümer angefahren worden, aber diese sind teilweise schon auf der oberen Stollensohle bekannt gewesen und z. T. auch abgebaut. Mit dem südöstlichen Querschlag hat man bei rund 100 m Erlängung in den Gneiß eingeschlagen, der hier vor Ort nördlich einfällt, der Querschlag selbst steht vorwiegend im Kohlensandstein und Schiefer, denen an mehreren Stellen grobe Konglomerate eingeschaltet sind. Die Arbeiten auf der neuen Stollensohle und die weiteren Auffahrungen im Horizont des oberen Stollens bestätigen nur wiederholt die unregelmäßige, zertrümmerte, verruschelte, verschleppte und gequetschte Beschaffenheit der Steinkohlenflötzchen im Berghauptener Gebiete.*

Ende 1900 waren 80 Mann angelegt, davon 65 unter Tage. *Der Kohlenabsatz ist natürlich unter den jetzigen Verhältnissen ein außerordentlich guter, Vorräte über Tage sind seit langer Zeit nichtmehr vorhanden & soviel ich erfahren konnte, übersteigt die Nachfrage die Produktion schon seit Monaten.* Im Hinblick auf die im Betriebsplan angegebenen vorgerichteten Kohlenreserven fand Buchrucker es daher *befremdlich*, dass Belegschaft und Produktion nicht erhöht wurden.

## Die Entwicklung in der Grube Großherzog Friedrich von 1900 bis 1904

Der neue Maschinenschacht in der Heiligenreute wurde indessen auch 1900 nicht weiter vertieft. Stattdessen hat man in dem oben erwähnten, bereits 1899 abgeteuften Versuchsschacht weitergearbeitet, der sich im Betacker, im Osten des Berghauptener Feldes befand. Dieser Schacht hatte bei 14 Metern Teufe das Kohlengebirge erreicht. 1900 wurde dieser *Fundschacht für das neue Bergwerksfeld „Großherzog Friedrich" bis zu 70 Meter Tiefe niedergebracht und damit gemäß Aussage des Obersteigers noch einige unwesentliche Kohlentrümer überfahren; diese Trümer wie auch das mächtigere Trum in 43,50 m Tiefe sollen durch streichende Strecken weiter untersucht werden.*

Aufgrund der Kohlenfunde im Großherzog Friedrich-Schacht wurde am 14. Februar 1900 durch Grubendirektor Frohwein eine Mutung eingelegt. Nachdem sich das dieser Mutung ursprünglich zugrundeliegende Kohlenvorkommen als nicht verleihungswürdig erwies, konnte jedoch im nun deutlich vertieften Schacht anlässlich einer Fundortbesichtigung immerhin ein bauwürdiges Flöz nachgewiesen werden. Daraufhin wurde am 28. Juli 1900 erneut Mutung eingelegt, die gegen eine Taxe von 200 Mark am 16. Oktober 1900 zur Verleihung des 1.998.085 Quadratmeter großen Feldes „Großherzog Friedrich" führte.

Der Großherzog Friedrich-Schacht erwies sich als außerordentlich nass, wie auch der Bergbeamte erfahren musste: *Durch die Einfahrt auf den Fahrten wurde der Unterzeichnete trotz der wasserdichten Gummikleidung durch das beim Handgelenk und am Hals eindringende Wasser an Armen und Brust bis aufs Hemd durchnässt.*

Obwohl die Seilfahrt noch nicht genehmigt worden war, fuhren offenbar bereits Mannschaften in der Tonne ein und aus, was zu einer Anzeige der oberen Bergbehörde gegen die Grubenbetreiber führte.

Am 10. April 1901 war der Schacht gut 70 Meter tief. Er war dreitrümig ausgebaut mit zwei Fördertrümern und einem Fahrtrum. Sowohl zum Fördern von Kohlen und Bergen als auch zum Heben der mit rund 80 Litern pro Minute zusitzenden Wasser diente eine Tonne, die durch eine einfache Dampfhaspel mit Trommel und Gußstahlseil gehoben wurde. Jede zweite Fördertonne musste hierbei der Wasserförderung dienen. Pumpen waren nicht vorhanden *und bei dem engen Schachtquerschnitt auch schwerlich einzubauen.*
Rund 30 Meter unter der 1. Sohle erstellte man das Füllort der 2. Sohle. Die von ihm aus nach Norden und Süden angesetzten Querschläge hatten eine Länge von jeweils 60 Metern erreicht. Der nördliche Querschlag hatte hierbei *8 Kohlentrümer durchfahren, von denen drei mit je 0,70, 1,00 und 1,50 m Mächtigkeit bauwürdig sind, auf zwei Trümern hat man streichende Strecken angesetzt und dabei teilweise eine unverhältnismäßig gute Kohle gewonnen, welche nach den Angaben des Direktors ohne Gebläse und mit heller Flamme brennen soll. [...] Mit dem südlichen Querschlag ist nur ein 35 cm mächtiges Kohlenflözchen durchörtert worden.*

Im Jahre 1902 hat man auf der 2. Sohle in den Flözen I und II mit dem Abbau der Kohle begonnen, der auch 1903 fortgesetzt werden sollte. Insgesamt waren auf diesem Niveau erheblich bessere Flöze erschlossen worden als auf der 1. Sohle, da die Grundgebirgsgrenzen mit zunehmender Teufe vom Kohlenlager weg verliefen. Auf der 2. Sohle konnte man daher 3 bauwürdige Flöze sowie weitere 10 mit 10 bis 40 Zentimetern Mächtigkeit nachweisen.
Die streichenden Strecken standen Anfang 1903 mit zusammen 140 Metern in Kohle. Man wollte nun die östliche Strecke energisch in Richtung Kinzig weitertreiben und gleichzeitig zwei Gesenke im Hauptflöz in möglichst große Tiefe niederbringen. Später sollten von den Richtstrecken aus erneut Querschläge zum Grundgebirge hin angelegt werden, um das Kohlengebirge im dortigen Bereich zu untersuchen.

Die Wetter zogen durch das Fördertrum des Schachtes bis auf die tiefste Sohle, von dort über Fahrüberhauen auf die 1. Sohle und von dort durch den Fahrschacht nach über Tage

Im April 1903 hatte man auf der 2. Sohle mit beiden Querschlägen das Grundgebirge angefahren, und zwar im Norden den Gneis, im Süden dagegen Granit. Im nördlichen Querschlag waren zuvor 13 Kohlenflöze, im südlichen 9 Kohlenflöze erschlossen worden. Insgesamt fanden nun 26 Arbeiter im Großherzog Friedrich-Schacht Arbeit, die die Örter vortrieben oder in Abbauen tätig waren.

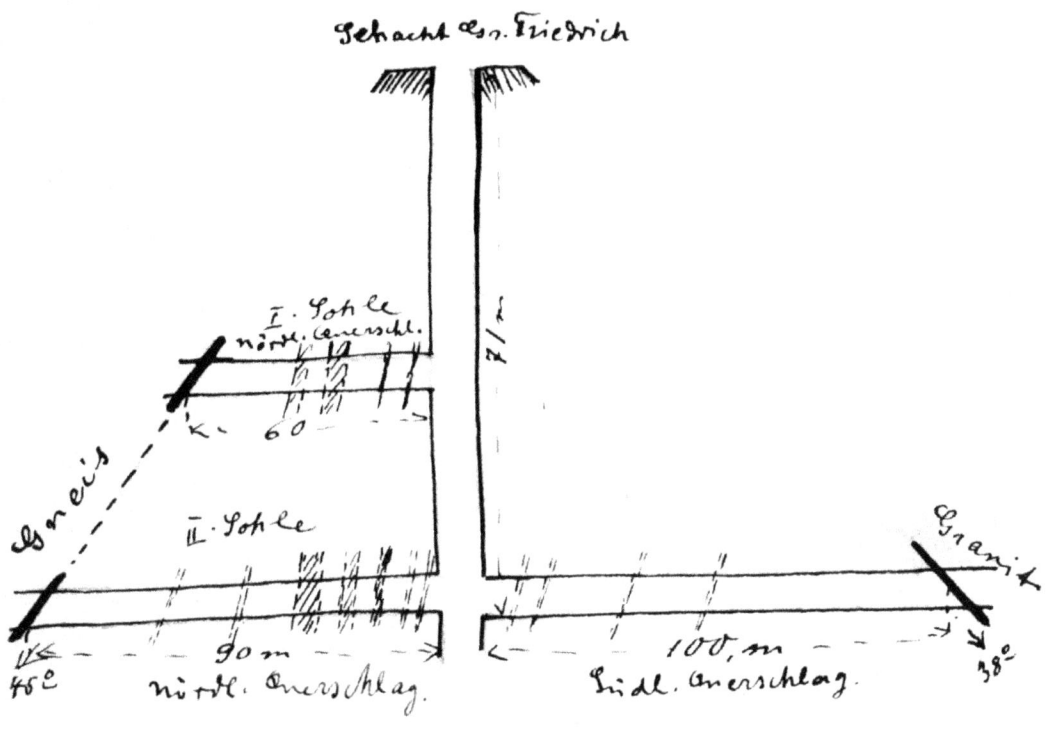

Skizze aus dem Betriebplan für das Jahr 1902. Sie zeigt einen Längsschnitt durch die Schachtanlage Großherzog Friedrich. Die Gneis- und Granitkontakte des Kohlengebirges sind ebenso dargestellt wie der schematische Verlauf der in den Querschlägen angetroffenen Steinkohlenflöze.

Im August 1903 waren die Abbauarbeiten zwischen der 1. und der 2. Sohle weiter fortgeschritten. Außerdem bestand ein Gesenk unter der tiefen 2. Sohle, das eine Teufe von 26 Metern erreicht hatte.

Der Bergbeamte Naumann bemerkte, dass der Betrieb, wie auch die Grube Berghaupten, *den Eindruck einer gewissen Regel- und Systemlosigkeit* mache. *Der Grund hierfür ist wohl zum Theil in den eigentümlichen Flözverhältnissen zu suchen, zum anderen Theile ergibt er sich aus der nach Angabe der Direktion augenblicklich besonders starken Nachfrage nach Kohlen, und schließlich liegt noch der Hauptgrund darin, daß die mit größeren Geldaufwendungen verbundenen Arbeiten, die momentan keinen Vorteil abwerfen, also Aus- und Vorrichtungs-Arbeiten in Hinblick auf demnächstige abermalige Umwälzungen in den Eigenthumsverhältnissen des Bergwerks unterbleiben.*

Bereits im Mai 1904 waren die Arbeiten im Großherzog Friedrich-Schacht offenbar im Wesentlichen als beendet anzusehen. Es war nur noch ein minimaler Betrieb zu verzeichnen, da die Firma wegen nicht ausreichend wirtschaftlicher Aufschlüsse ihre Tätigkeiten nun auf Untersuchungen im Diersburger Feld konzentrierte. Lediglich eine Grundstrecke auf der 2. Sohle sowie ein Abbauort waren im Schacht noch belegt.

*Es erscheint damit an der Zeit, aus den einzeln aufzuführenden Ergebnissen, so weit wie möglich, ein Fazit zu ziehen,* so Bergmeister Naumann.

*Die I. Sohle ist bei 40 m Teufe angesetzt und ein Querschlag 60 m lang nach Norden bis zum Grundgebirge aufgefahren, das daselbst – übereinstimmend mit den früheren Ergebnissen – deutlich nach Norden einfällt. An anscheinend bauwürdigen Flözen sind ein solches von 1,00 m – 1,80 m Mächtigkeit und ein zweites von knapp 1,00 m Mächtigkeit angefahren worden. Das erste ist 32 m weit verfolgt, querschlägig mit dem zweiten Flöz verbunden und in letzterem ein Abhauen bis zur II. (70 m ) Sohle niedergebracht worden. Querschlagsauffahrung nach Süden fehlt gänzlich.*

*Auf der II. Sohle sind Querschläge nach Norden und Süden bis ins Grundgebirge aufgefahren. Im nördlichen Querschlag ist das nördliche Einfallen wiederum deutlich wahrnehmbar, im Süden ist die Grenze zwischen Grundgebirge und Kohlengebirge zwar weniger scharf ausgeprägt, aber allem Anschein nach das Einfallen südlich.*

*Mit dem nördlichen Querschlage ist neben den schon erwähnten beiden Flözen noch ein drittes anscheinend bauwürdiges Flöz von 1,00 – 1,10 m Mächtigkeit angefahren und auf 31 m Länge untersucht worden. Von den beiden anderen ist das eine 10 m weit verfolgt, während eine Grundstrecke in dem zweiten (mit der oberen Sohle durch Abhauen verbundenen) Flöz nach Osten 120 m und nach Westen 90 m weit getrieben ist. Im gleichen Flöz sind zwei Abhauen von 20 m und von 50 m Tiefe niedergebracht, so daß ziemlich vollständige Aufschlüsse vorliegen. Man kann sie als relativ günstig bezeichnen. Zwar ist die Kohle leicht zerreiblich und in einzelnen Flözpartien stark mit Schiefer durchsetzt, es fehlt wenigstens in dem westlichen Flügel nicht ganz an Störungen, auch scheint nach dem Grubenbild die Kohle in dem einen der beiden Abhauen sich zu verschwächen, trotzdem ist anzuerkennen, daß die Kohle in Streichrichtung und in der Fallrichtung in nicht unbedeutender Ausdehnung zusammenhängend nachgewiesen ist, und ebenso bauwürdig wie absatzfähig sein dürfte, kurzum daß das Feld „Großherzog Friedrich" für eine bescheidene Weiterentwicklung des Werkes eine gewisse Grundlage bietet.*
*Nicht nachgewiesen ist vorläufig, so lange die südliche Grenze des Grundgebirges nur in einem Niveau erreicht ist, die Verbreiterung des Kohlengebirges nach der Teufe.*

Der Großherzog Friedrich-Schacht wurde trotz dieser im Grunde positiven Beobachtungen noch 1904 vollständig eingestellt und in der Folge verfüllt.

Der Betriebsplan für das Jahr 1910 sah vor, 300 Meter vom Großherzog Friedrich Schacht entfernt eine größere Schachtanlage anzulegen. Der Schacht sollte eine lichte Weite von 4,5 Metern erhalten und 250 bis 300 Meter tief abgeteuft werden. In einer Tiefe von 250 Metern sollten die Schächte Großherzog Friedrich und Berghaupten durch eine Richtstrecke verbunden werden. Die Förderung würde dann auch aus Berghaupten über den Großherzog Friedrich-Schacht erfolgen. Diese Pläne kamen nicht zur Umsetzung.

Im Jahre 1929 bestand von Seiten der Gutehoffnungshütte in Oberhausen erneut die Absicht, die Schachtanlage Großherzog Friedrich bei Berghaupten aufzuschließen und in Betrieb zu nehmen, doch erfolgten keine weiteren Arbeiten mehr.

## Auseinandersetzungen zwischen Albert Mayer und Carl Ringwald um das Grubenfeld Hagenbach

Zu Beginn des Jahres 1901, nachdem Albert Mayer mit einem Vergleich vor dem Großherzoglichen Oberlandesgericht das Eigentumsrecht an der Grube Hagenbach übernommen hatte, kam es nun zu weiteren Eigentumsstreitigkeiten, diesmal jedoch zwischen Mayer und Ringwald. Mayer warf Ringwald vor, zu behaupten und angeblich durch Urkunden belegen zu können, dass er Eigentumsrechte von ihm erworben habe. Mayer dagegen argumentierte, dass er sie Ringwald nicht hätte verkaufen können, da er sie selbst nicht besaß. Ringwald habe somit außer Grund und Boden mitsamt der Baulichkeiten auf den Gemarkungen Diersburg und Niederschopfheim keinerlei Rechte, insbesondere auch nicht zur Förderung von Kohlen, erworben. Durch den Vergleich löste Mayer diese Rechte vom Fürsten von der Leyen ab und forderte Ringwald indirekt auf, sie von ihm zu erwerben oder den Abbau von Kohle im Feld Hagenbach zu beenden. Solange die Standesherrschaft im Besitz dieser Rechte war, stünden ihr außerdem für jeden Zentner geförderte Kohlen in diesem Grubenfeld zwei Kreuzer zu beanspruchen zu.

Ringwald erwiderte in einem durchaus aggressiv gestalteten Schreiben, dass er bei Kauf der Gruben ausdrücklich darauf bestanden habe, dass Mayer den Streit um die Grube Hagenbach mit den Fürsten von der Leyen austrage, da er das Risiko sehr wohl sah. Nun, da Mayer den Prozess verloren habe und die Rechte durch den Vergleich erwerben musste, ändere dies nichts daran, dass er sie bereits von Mayer gekauft habe.

Das Bergamt schloss daher aus, Ringwald den weiteren Kohleabbau zu verbieten. Es forderte Mayer auf, seine eventuellen Ansprüche über einen Zivilprozess gegen Ringwald durchzusetzen.

## Der Betrieb der Grube Berghaupten ab 1901

Auch im Jahre 1901 sollten auf den bisher bebauten Sohlen der Gruben Berghaupten Abbaue betrieben werden. Auf der 1. Sohle waren in einem Abbau 20.000 Zentner, auf der 1 ½. Sohle in zwei Abbauen 36.000 Zentner, auf der 1. Sohle in 3 Abbauen 45.000 Zentner zu gewinnen. Auf dem Oberen (2.) Stollen befand sich zu Beginn 1901 ein Trum in Abbau, drei weitere sollten im Laufe des Jahres in Betrieb gehen, weshalb mit einer Förderung von 75.600 Zentnern gerechnet wurde. Im Neuen (3.) Stollen sollten zu dem bestehenden noch 4 weitere Abbaue in Betrieb gehen, womit eine Fördermenge von 150.000 Zentnern erreicht werden könnte.

Die Aufschlussarbeiten auf der Grube Berghaupten beschränkten sich auf den Neuen (3.) Stollen, wo der bis Ende 1900 eine Länge von 150 Metern aufweisende nördliche Querschlag bis ans Urgebirge verlängert werden sollte.

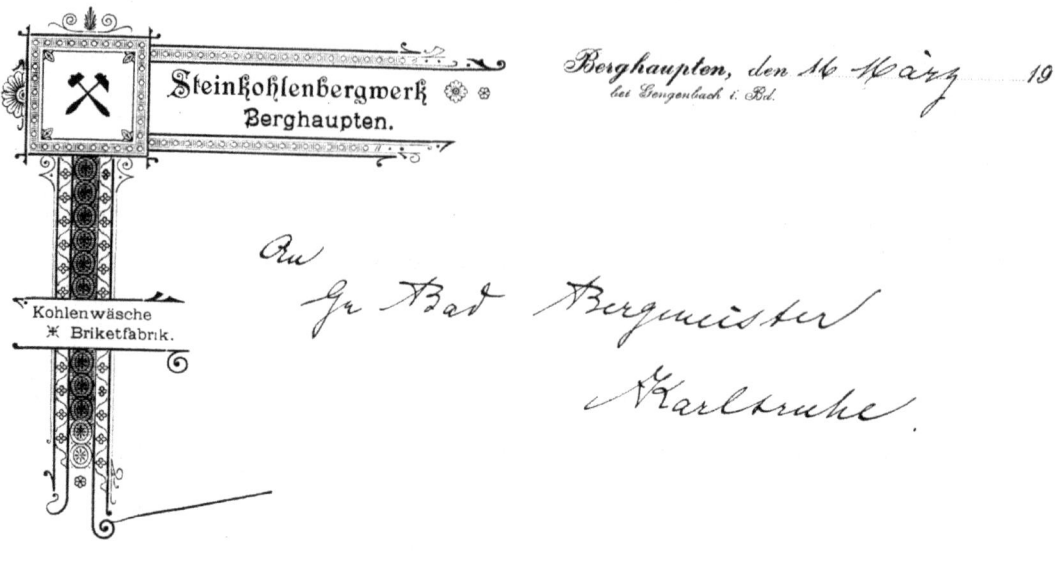

Briefkopf des Steinkohlenbergwerks Berghaupten aus dem Jahre 1904.

Im Jahre 1902 sollten die verbleibenden Vorräte von 20.000 Zentnern auf der 1 ½. Sohle komplett gewonnen werden. Auf der 1. Sohle plante man den Abbau von 20.000 Zentnern, während man auf dem Oberen (2.) Stollen 30.000 und auf dem Neuen (3.) Stollen in 4 Abbauen 25.000 Zentner abzubauen plante.

Versuchsarbeiten waren auf der Grube Berghaupten keine mehr vorgesehen, da man die Hoffnung hatte, im neuen Großherzog Friedrich-Schacht ausreichend neue Lagerstätten zu erschließen.

Am 7. Juni 1902 legte Bergingenieur Frohwein seine Stellung als Leiter der Grube Berghaupten nieder, blieb schließlich aber doch im Amt. Er schlug vor, dem Obersteiger Moritz die Verantwortung für die untertägigen Bereiche der Grube Berghaupten zu übertragen, während der erfahrene Hauer Gottfried Armbruster zum Steiger ernannt werden und für die Grube Großherzog Friedrich verantwortlich zeichnen sollte.

Mitte 1904 war man im Berghauptener Feld mit einem Querschlag jenseits des Konglomerats wieder in kohlenführende Schiefer eingedrungen, anstatt das Urgebirge anzufahren. Hier hatte man nun die Hoffnung, auch in Tiefen, in denen scheinbar alle Kohle abgebaut war, nochmals Kohlenvorräte aufschließen zu können.

Im Diersburger Feld sollte nach Planungen der Gesellschaft der spätere Mittelpunkt des Bergbaus entstehen. Dort hat man westlich des alten Schachtes einen sich dicht unter der Tagesoberfläche haltenden Stollen aufgefahren, der im Mai 1904 rund 130 Meter durchgängig im Kohlengebirge stand, davon 60 Meter in einem Flöztrum. Während die Kohle gute Beschaffenheit zeigte, war das Gebirge außerordentlich stark gestört, so dass das Engagement der Gesellschaft in Diersburg schnell wieder aufgegeben wurde.

Ein weiterer Versuchsbau in Form eines kleinen Schachtes war nochmals 500 Meter weiter westlich im Feld Hilda abgeteuft worden, um zu untersuchen, ob dort noch Kohlengebirge vorhanden ist. Ein Ergebnis dieser Arbeiten stand indes noch aus.

Im Juli 1904 übernahm Kommerzienrat Theodor Henning aus Karlsruhe 1/5 des Steinkohlenbergwerksbesitzes samt Zubehör von Carl Ringwald.

### Die Konsolidierung der Grubenfelder und Pläne zur Bildung einer Gewerkschaft

Am 7. Mai 1904 stellte Ernst Frohwein den Antrag, sämtliche der Steinkohlenbergbau Berghaupten Carl Ringwald gehörenden Steinkohlenfelder zu einem Feld unter dem Namen „Konsolidierte Berghaupten-Diersburger Steinkohlenbergwerke" zusammenzulegen. Ihm wurde wenig später entsprochen und am 11. Februar 1905 die Zusammenlegung folgender Steinkohlebergwerke (d.h. Verleihungen) zu einem Betrieb, dem „Steinkohlenbergbau Diersburg-Berghaupten mit dem Sitze in Berghaupten" amtlich bestätigt:

1. Himmelreich Stollen
2. Hilda
3. Großherzog Friedrich
4. Hagenbacher Grube
5. Staufenkopf
6. Diersburger Grube
7. Im Burggraben

Das neu entstandene einheitliche Feld überdeckte damit insgesamt eine Fläche von 6.202.937 Quadratmetern. Die Grube erstreckte sich nun über die Gemarkungen Berghaupten, Diersburg, Gengenbach, Niederschopfheim, Reichenbach und Zunsweier. Ernst Frohwein wurde Geschäftsführer des neuen Bergwerks.

Ringwald prüfte bereits seit 1904, ob es möglich sei, zur Erlangung weiterer Betriebsmittel und zur Intensivierung und Rationalisierung des Abbaus das Bergwerk in eine 1000teilige Gewerkschaft umzuwandeln. Der Geologe Dr. Sauer fertigte hierzu im Oktober 1904 ein Gutachten an, in dem er diese Frage aufgrund seiner Erfahrung mit der Lagerstätte klar bejahte, wobei er sich ausdrücklich von dem *bei Montanobjekten oft weit verbreiteten Optimismus frei* fühlte. *Ich habe*

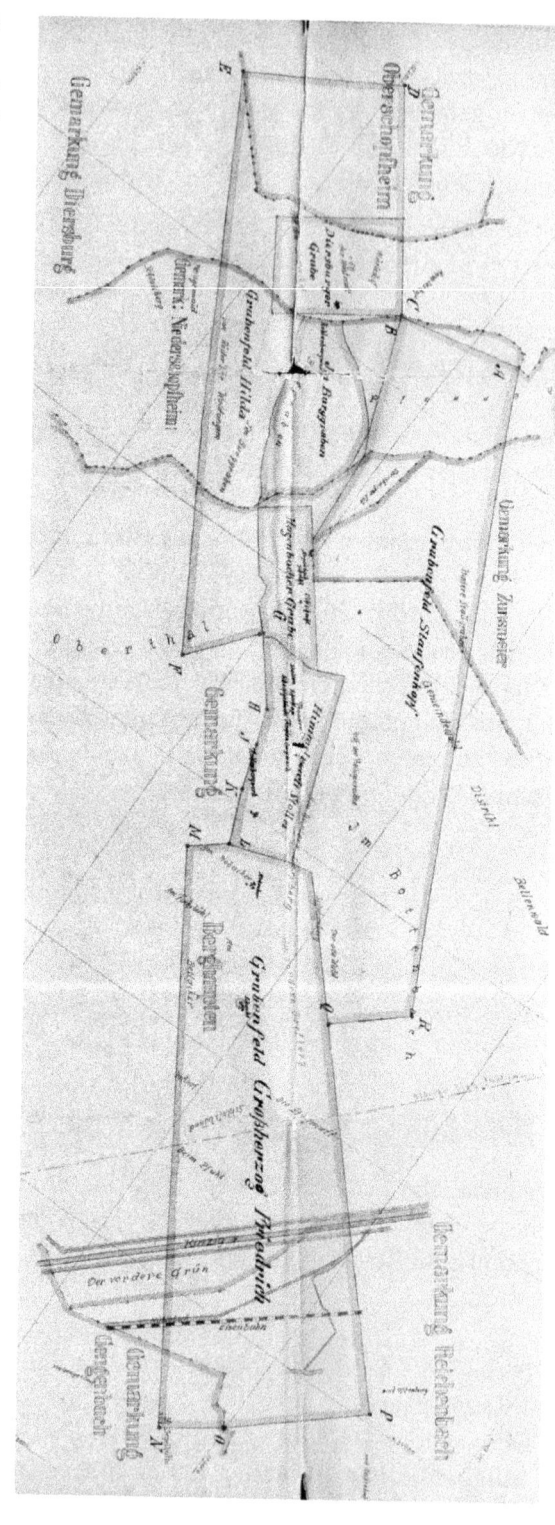

Karte der konsolidierten Felder im Raum Diersburg - Hagenbach - Berghaupten (1904). Die Grenzen der zusammengelegten Bergwerksfelder sind grün, die Gemarkungsgrenzen rot dargestellt. Der Betriebsmittelpunkt lag innerhalb des kleinen Feldes "Himmelreich Stollen", die aufgegebene Grube Hagenbach in den Feldern "Hagenbacher Grube" und "Staufenkopf". Das Grubenfeld "Großherzog Friedrich" ging auf die jüngste Mutung der Bergwerksgesellschaft zurück.

50

*zu viel und zu lange, officiell und privatim, mit derartigen Dingen zu tun gehabt, um nicht zu wissen, von welch schlimmen Folgen ein nicht ganz objektives und vorsichtiges Vorgehen in dieser Hinsicht begleitet ist. Und gerade das Großherzogtum Baden hat es nötig, dass das Zutrauen in die bergbaulichen Unternehmungen nicht von neuem erschüttert werde, nachdem die Notton'sche Nickelbergwerkgründung ein so trauriges Fiasko gemacht hat, ja machen musste, wie ich es vorausgesehen und vorausgesagt habe*, so Sauer weiter.

Sauer sah in dem Karbonvorkommen eine Einklemmung zwischen Grundgebirgsmassiven, die zahlreiche unter- bzw. nebeneinander gelegene kohlenführende Zonen umfasst. Auch erstrecke sich die Karbonzone über deutlich größere Bereiche als bislang bekannt, wie die Aufschlüsse im Großherzog Friedrich-Schacht bei der Berghauptener Kirche ergeben hätten. Dort war seiner Meinung nach auch zu erkennen, dass die Grundgebirgsgrenzen zur Teufe hin deutlich divergieren, die Lagerstättenausdehnung zur Tiefe also zunimmt. Auch im Diersburger Tal werde man eine analoge Beobachtung machen, zumal selbst auf der 9. Sohle in 270 Metern Teufe des abgeworfenen Hagenbacher Schachtes die Lagerstätte noch mit 12 Kohlenlagern aufgeschlossen worden ist, von denen das Hauptflöz bis zur 11. Sohle bauwürdig war. Selbst in 370 Metern Teufe sei das Kohlengebirge noch nicht durchörtert gewesen.

Der hölzerne Schachtturm des Theodorschachtes in Berghaupten um das Jahr 1905. Die Funktion des vor dem Turm sichtbaren Kaminrohrs ist nicht bekannt. Möglicherweise diente es der Bewetterung der Grubenbaue. Im Hintergrund ist der Schornstein der Aufbereitungsanlage erkennbar.

Der Aschengehalt der Kohlen sei zwar recht hoch, doch bedeute dies nicht unbedingt ein Hindernis für den Bergbauerfolg, wie an anderen Orten bewiesen werde.

Angesichts des Misserfolgs im Großherzog Friedrich-Schacht plante man 1905, den seinerzeit bis zur 3. Sohle abgeteuften Maschinenschacht in der Heiligenreute zu sümpfen und weiter bis zu einer Teufe von 420 Metern niederzubringen. Hierbei sollte 100 Meter unter der 3. Sohle die erste neue Sohle eingerichtet werden, in weiteren jeweils 100 Metern sollte die neue 2. und neue 3. Sohle folgen. Zwischen den Sohlen war die Auffahrung von jeweils einer Zwischensohle projektiert.

Vor den Arbeiten im Maschinenschacht war jedoch der tiefe Wasserstollen (Stollen 1) sowie der Hagenbacher Stollen (oder Obere Stollen) aufzuwältigen, um die zusetzenden Wässer zu lösen, die sonst durch ihn in den Tiefbau fallen würden.

## Der Theodorschacht wird als neuer Hauptschacht abgeteuft

Beim Sümpfen des 1897 bis 1899 abgeteuften Maschinenschachtes ging dieser bei etwa 50 Metern Teufe zu Bruch, weshalb er aufgegeben werden musste. Man verfüllte ihn bis zu Tage und teufte stattdessen sofort einen neuen Schacht, den Theodorschacht, rund 100 Meter vom alten Schacht entfernt ab. Sämtliche anderen Arbeiten in der Grube und auf der Schachtanlage Großherzog Friedrich waren eingestellt. Der neue Schacht sollte einen größeren Querschnitt erhalten, da er insgesamt 4 Fördertrümer, ein Pumpentrum sowie ein Fahrtrum aufnehmen musste. Es war vorgesehen, zwei Fördermaschinen an dem Schacht aufzustellen.

Im Juli 1905 hatte er eine Teufe von 19 Metern erreicht. Als erste Sohle sollte eine Wettersohle bei 200 Metern Teufe angesetzt werden. Parallel zu den Abteufarbeiten wurde der alte Pumpenschacht bei der Aufbereitung aufgewältigt, um die Grubenbaue zu entwässern. Außerdem wurden die alten Kessel instandgesetzt und eine elektrische Primärmaschine installiert. Die Schachtförderung, der Betrieb der Pumpe am Durchschlagpunkt des Theodorschachtes mit der 3. Sohle sowie die Beleuchtung sollten später elektrisch erfolgen.

Im September hatte der Theodorschacht eine Teufe von 46 Metern erreicht, während der Pumpenschacht auf 37 Meter Teufe aufgewältigt war. Die Abteufarbeiten blieben damit erheblich hinter dem Zeitplan zurück, der eine Leistung von 18 Metern pro Monat vorsah. Der Theodorschacht hatte bereits mehrere Kohleflöze durchteuft, die unter anderem auch *die gelobte graue Schmiedekohle* führten. Der Steiger Armbruster gab an, dass während der Abteufarbeiten bislang rund 10 Tonnen Kohle gewonnen werden konnten. *Die kleine elektrische Anlage ist fertig gestellt, und es werden zur Zeit zwei Ventilatoren für die beiden Schächte und die Beleuchtung (3 Bogenlampen und 45 Glühlampen) elektrisch betrieben, während die Förderung in Theodorschacht und die Sümpfung im Pumpenschacht durch Dampf betrieben werden*, so der Bergbeamte Naumann.

Berghaupten, den 28. Januar 1905.
bei Gengenbach, Baden.

P. P.

Wir beehren uns, Ihnen hiermit anzuzeigen, dass die bis heute bestandene offene Handelsgesellschaft

## Steinkohlenbergwerk Berghaupten
### Carl Ringwald

in eine Gesellschaft mit beschränkter Haftung unter der Firma:

## Steinkohlenbergbau Diersburg-Berghaupten
### (Gesellschaft mit beschränkter Haftung)

umgewandelt worden ist.

Sämtliche Aktiven und Passiven der alten Gesellschaft gehen auf die neue über.

Zum Geschäftsführer ist Herr **Ernst Frohwein,** Bergingenieur, zum Prokuristen Herr **Wilhelm Cuntz,** Kaufmann, ernannt. Die beiden Herren werden die Firma gemeinschaftlich zeichnen.

Der Vorsitzende des Aufsichtsrates, Herr Kommerzienrat **Theodor Henning** in Karlsruhe, oder dessen Stellvertreter, Herr **Adolf Schnabel** in Karlsruhe, hat das Recht die Firma gemeinsam mit dem Geschäftsführer oder dem Prokuristen zu zeichnen.

Kundeninformation zur Umwandlung des Steinkohlenbergwerks Berghaupten in eine GmbH, verfasst im Jahre 1905.

*Telegramm-Adresse:*
*Kohlenbergbau Berghaupten-Gengenbach*

*Telephonanschluss Gengenbach 5*

## Steinkohlenbergbau Diersburg-Berghaupten
### Ges. m. b. H.

**Berghaupten,** den 31. Dezember 1906
*Bahnstation u. Post Gengenbach (Baden)*

Briefkopf der neu gegründeten Steinkohlenbergbau Diersburg-Berghaupten GmbH von Ende 1906.

### Ein schweres Dampfkesselunglück

Am Morgen des 10. Oktober 1905 ereignete sich ein schwerer Unfall auf der Grube, als ein Dampfkessel explodierte. Der Maschinist Georg Benz wurde dabei am ganzen Körper verbrüht und verstarb kurze Zeit nach dem Unglück. Der Heizer Emil Armbruster und der Maschinist Lorenz Berger aus Berghaupten wurden ebenfalls verbrüht, waren jedoch nicht lebensgefährlich verletzt. Im Unfallbericht wurde folgender Hergang des Unfalls dargestellt:
*Der Hauptkessel des unteren Betriebs [am Pumpenschacht] war undicht geworden, aus welchem Grunde dieser Kessel außer Betrieb gesetzt werden mußte, um die defekte Stelle auszubessern. Die Maschinisten Berger, Benz und der Heizer Armbruster hatten die Aufgabe, den Kessel abzulassen. Nachdem der Manometer anzeigte, daß Druck nicht mehr im Kessel vorhanden war, wurde seitens Benz und Berger der Ablaßhahnen geöffnet, der sich aber verstopft hatte, so schraubten die Leute die Rohre ab um durchzustoßen. Der Schlauch muß aber doch nicht so fest gewesen sein, wie die Leute annahmen, denn die kochenden Wasser brachen plötzlich durch und verbrühten die Leute. Benz würde höchst wahrscheinlich nicht so schwer verletzt worden sein, wenn er nicht die Geistesgegenwart verloren gehabt hätte, da er anstatt seitlich sich in Sicherheit zu bringen, was mit zwei Schritten geschehen wäre, direkt in das kochende Wasser hineinsprang. Zu beachten ist noch, daß Benz 13 Jahre Heizer & Maschinist war und demnach den Kessel gut kannte.*
Die Verstopfung des Kessels war offenbar, wie eine Untersuchung zeigte, durch Schlamm in dem Grubenwasser entstanden, das als Aufgabewasser für den Kessel Verwendung fand.

### Große Wassermengen verzögern die Teufarbeiten im Theodorschacht

Ende Dezember 1905 hatte der Theodorschacht eine Teufe von 82 Metern erreicht. Die monatliche Abteufleistung betrug immer noch nur rund 10 Meter. Der Schacht war in alte Baue eingeschlagen, weshalb nun andauernd Wasserhaltung betrieben werden musste, was ohne maschinelle Hilfe geschah. Dies konnte die außerordentlich geringe Abteufleistung jedoch nicht erklären.

54

Der Pumpenschacht war mittlerweile soweit abgeteuft und gesümpft, dass nun eine elektrische Zentrifugalpumpe die beiden bisher verwendeten *Pulsancker* [?] ersetzte und zunächst 18 Meter über dem Niveau der 3. Sohle installiert wurde. Später sollte sie auf das Niveau der 3. Sohle am Pumpenschacht verlagert werden. Man errichtete eine neue Kesselanlage, baute später die alten Kessel um und nahm gleichzeitig die für längere Zeit völlig eingestellte Kohlenförderung wieder auf, um den eigenen Bedarf zu decken. Hierzu wurden in den beiden oberen Stollen drei Arbeitspunkte wieder belegt. *Die Kohlen für den stehenden Kessel am Theodorschacht werden aus diesem selbst beim Abteufen gewonnen.* Doch waren auch hier, soweit ersichtlich, die Lagerungsverhältnisse gestört, so dass noch nicht absehbar war, ob das Abteufen zu einem wirtschaftlichen Erfolg führen würde.

Man plante, das Schachtabteufen im Jahre 1906 fortzusetzen. Auf Veranlassung der Badischen Domänendirektion sollte der Schacht aufgrund der Erfahrungen mit dem Maschinenschacht ausreichend verbaut werden. In 200 Metern Teufe sollte dann ein Füllort ausgeschossen und ein Querschlag zur Untersuchung des Feldes angesetzt werden. Der Bergbeamte beklagt jedoch, dass die Abteufleistung im Schacht immer geringer werde und nun nur noch 8 Meter pro Monat betrage. Offenbar waren nun doch die mittlerweile mit 63 Kubikmetern in 12 Stunden zufließenden Wässer ein zunehmendes Problem. Sie stammten aus einer bei 6 Metern unter der Hänge-

Blick über die Aufbereitungsanlage der Grube Berghaupten nach Südwesten. Hinter dem Schornstein sind die große Halde des Theodorschachtes sowie unmittelbar links davon die etwas niedrigere Abraumhalde von Stollen 2 erkennbar. Rechts des Kamins ist undeutlich der dunkle, hölzerne Schachtturm des Theodorschachtes mit einem der beiden hellen, gemauerten Häuschen zur Unterbringung der Dampfmaschine zu sehen. Das genaue Entstehungsjahr der Fotografie ist unbekannt, doch wird sie aufgrund der Größe der Schachthalde wohl um das Jahr 1907 aufgenommen worden sein.

bank erschlossenen Quelle sowie aus den angeschnittenen alten Bauen. Erst bei Erreichen der 3. Sohle war mit einer Entspannung zu rechnen, da das Wasser dann abgeleitet werden könnte. Im März war der Pumpenschacht bis auf 2 ½ Meter über der 3. Sohle gesümpft. Nach Erreichen des Niveaus stand die Aufwältigung einer rund 200 Meter langen alten Strecke an, die dann durch weitere Auffahrung eines Abhauens von rund 5 Metern mit der 200 Meter Sohle des Theodorschachtes durchschlägig gemacht würde. Man musste jedoch feststellen, dass das alte Füllort auf diesem Niveau zusammengestürzt war, wodurch die Arbeiten mit erheblichen Problemen konfrontiert wurden.

Im Laufe des Jahres 1906 setzte man neu erworbene elektrische Bohrer ein, um die Abteufleistung zu erhöhen. Es zeigte sich jedoch, dass die im gestörten Gestein erstellten Bohrlöcher durch die starken Vibrationen der Maschinen rasch zusammenfielen, so dass sie nicht mit Sprengstoff besetzt werden konnten. Daher teufte man mit manuellem Bohren weiter ab und war gezwungen zu akzeptieren, dass erst im Jahre 1907 mit dem Erreichen der Teufe von 200 Metern zu rechnen war. Um den für die Wasserhaltung notwendigen Energiebedarf zu decken, musste der Abbau von Kohle verstärkt werden. Aus diesem Grunde wurde 50 Meter über dem oberen (3.) Stollen ein weiterer Stollen Nr. 4 vorgetrieben, der mit dem oberen Stollen durchschlägig gemacht werden und so die dortigen Wetterverhältnisse verbessern sollte. Bei der Auffahrung, die im Laufe des Jahres 1907 eine Länge von 70 Metern erreichte, wurden mehrere Flöze angefahren, die jedoch zur Tiefe hin rasch auskeilten.

Ende 1906 war man im Theodorschacht in einer Teufe von 185 Metern angekommen. Im Pumpenschacht hatte unterdessen die Aufwältigung der völlig zusammengebrochenen Strecke begonnen, die fast auf die gesamte Länge in Getriebezimmerung gesetzt werden musste. Für die noch fehlenden 50 Meter waren daher noch mehrere Monate Arbeit zu veranschlagen.

Am 1. Januar 1907 verließ Ernst Frohwein seine Stellung als Geschäftsführer und Betriebsleiter in der Steinkohlengrube Berghaupten. Für ihn nahm Wilhelm Wienoldt die Position des technischen Geschäftsführers ein.

## Die Tiefbausohle wird im Theodorschacht angeschlagen

Nach dem Betriebsplan für das Jahre 1907 sollte der Theodorschacht nach Beginn des Querschlagsvortriebs bei 200 Metern Teufe um weitere 100 Meter vertieft werden. Außerdem sah der Betriebsplan die Anlage eines Stollennetzes auf der 200 Meter Sohle vor, das aus Abteilungs- und Hauptquerschlägen bestehen sollte. Von diesen aus sollten in den Flözen teils tonnlägige Überhauen zu der oberen Wettersohle sowie Abhauen zur geplanten Tiefbausohle bei 300 Metern Teufe aufgefahren werden, von denen aus wiederum die Abbaustrecken im Flöz abzweigen. Die bestehende Dampffördermaschine sowie eine bald ausgelieferte elektrische Fördermaschine sollten die Förderung im Theodorschacht gewährleisten.

Berghaupten, 1. Januar 1907.

# P. P.

Wir beehren uns, hiermit ergebenst anzuzeigen, daß mit dem heutigen Tage

**Herr Bergingenieur E. Frohwein**

als Geschäftsführer ausscheidet und

**Herr Wilhelm Wienoldt**

zum technischen Geschäftsführer bestellt ist.

Am 1. März 1907 wird ferner

**Herr Gustav Fremerey**

als kaufmännischer Geschäftsführer eintreten.

Die beiden Herren sind mit dem Zeitpunkt ihres Eintritts zur Unterschrift zusammen, oder jeder einzeln in Verbindung mit einem Prokuristen, oder mit den Vorsitzenden des Aufsichtsrates, oder dessen Stellvertreter berechtigt, rechtsverbindlich die Firma zu zeichnen.

Die Unterschrift des Herrn Frohwein ist erloschen.

Die Unterschrift des bisherigen Prokuristen Herrn Wilhelm Cunh dauert fort.

Wir bitten, von den untenstehenden zwei Unterschriften der Herren W. Wienoldt und G. Fremerey Kenntnis zu nehmen.

Hochachtungsvoll

**Steinkohlenbergbau**

Diersburg-Berghaupten

▭ G. m. b. H. ▭

Unterschriften:

*Wienoldt*

Schreiben aus dem Jahre 1907 zur Ablösung des Geschäftsführers Frohwein durch Wilhelm Wienoldt bei der Steinkohlenbergbau Diersburg-Berghaupten GmbH.

Schließlich setzte man die neue Sohle im Theodorschacht bereits bei einer Teufe von 194 Metern an, da das Gebirge auf diesem Niveau hierzu besonders geeignet erschien. Im April 1907 begann man dort mit der Auffahrung der Querschläge in nördlicher und südlicher Richtung mit Hilfe elektrischer Bohrmaschinen. Dabei erschloss man im nördlichen Querschlag ein etwa 5 Meter mächtiges Flöz mit unreiner Kohle, das aber zumindest nach Westen hin bauwürdig erschien. Im weiteren Verlauf des Querschlags dagegen war das Gebirge stark gestört und kaum zu beurteilen. Die Belegschaft betrug im April 1907 80 Mann.

## Eine Drahtseilbahn für das Bergwerk?

Im Mai 1907 forderte Henning einen Kostenvoranschlag für die Errichtung einer Drahtseilbahn vom Schacht in Berghaupten zu der Eisenbahnverladestation in Gengenbach an. Die Firma Carstens & Fabian in Magdeburg erstellte ein Angebot, die Seilbahn zum Preis von 66.000 Mark zu liefern. Sie sollte eine Stundenkapazität von 20 Tonnen aufweisen, die in 60 Wagenladungen transportiert werden konnten. Die beiden Teilstrecken der Bahn hätten eine Länge von 1.800 und 1.050 Metern gehabt. Das Seil sollte hierbei von 3 Stationen und 30 Stützen in 6 bis 12 Metern Höhe geführt werden. Die Bahn wurde indes wegen des aufkommenden Geldmangels der Betreiber nie errichtet.

Am Abend des 25. Mai 1907 ereignete sich im südlichen Querschlag des Theodorschachtes, rund 25 Meter vom Füllort entfernt, eine Schlagwetterexplosion, durch die Steiger Armbruster und Bergmann Colles Verbrennungen an Stirn und Händen erlitten. Man hatte bislang in diesem Schacht keine Sicherheitslampen im Einsatz, da noch keine Schlagwettergefahr zu bestehen schien. Offenbar war nun an der Unfallstelle bei einer Sprengung ein Bläser angeschossen worden, was beim Ableuchten des Stoßes zur Entzündung des an der Firste angesammelten Grubengases führte. Dieser Unfall war Anlass, fortan in weiten Bereichen der Grubenbaue unterhalb der tiefsten (1.) Stollensohle den Einsatz von Sicherheitslampen vorzuschreiben.

## Der Theodorschacht geht voll in Betrieb

Am 11. Juli 1907 wurde die Personenseilfahrt im Theodorschacht genehmigt. Die Förderung erfolgte nun mit Förderkörben anstatt mit Kübeln. Zu diesem Zeitpunkt waren auf der 194 m (6.) Sohle 105 Meter Querschlag aufgefahren. Hierbei hat sich das anfangs recht regelmäßig einfallende Gebirge wieder stärker gestört gezeigt. Auch die rund 30 Meter lange Auffahrung in dem bisher einzigen angefahrenen Flöz hat ein stark gestörtes Bild ergeben.

Zur Verbesserung der Bewetterung nahm man im September 1907 einen neuen 20flügeligen Ventilator mit 2 Metern Flügelraddurchmesser der Firma Schlüchtermann und Kremer in Dortmund in Betrieb. Er erbrachte eine Leistung von 1.000 bis 1.500 Kubikmetern pro Minute. Der Ventilator wirkte saugend durch den Pumpenschacht. Auf der 194 m Sohle installierte man neue Lutten mit 400 Millimetern lichter Weite, von denen später 200 Millimeter weite Lutten in die Örter abzweigen sollten. Der Luftstrom führte demnach durch die Lutten und ein neu eingerich-

Historische Aufnahme des Theodorschachtes der Grube Berghaupten. Rechts vor dem dunklen Schachtturm die
beiden hellen Gebäude zur Unterbringung von Dampfmaschine und Kessel sowie der Kamin der Kesselfeuerung.
Im rechten Mittelgrund ist die große Halde des rund 100 Meter entfernten, kurz vor der Jahrhundertwende abgeteuften Neuen Maschinenschachtes erkennbar.

tetes Wettertrum des Theodorschachtes auf die 3. Sohle, von dort zum Pumpenschacht und durch diesen nach über Tage. Am Mund des Pumpenschachtes wurde der Ventilator in einem neuen Gebäude installiert.

Bis September 1907 hatten die Querschläge auf der 194 m (6.) Sohle jeweils eine Länge von 101 Metern erreicht. Man konnte im südlichen Feld bei 60, 72, 80 und 92 Metern vom Schacht weitere Kohlenlagen von 50 Zentimetern bis 1 Meter Mächtigkeit erschließen. Im Norden erschienen Berge und Kohle dagegen innig vermengt. In einer Entfernung von 65 Metern vom Schacht fuhr man rechtwinklig vom Querschlag abzweigende Richtstrecken auf. Auch die Strecke in dem Flöz wurde verlängert, wobei sich die Kohle deutlich besserte. Ansonsten handelte es sich bei angefahrenen Kohlenschmitzen nur um lokale Einlagerungen. Betriebsführer Wienoldt, an die Verhältnisse des Ruhrgebiets gewöhnt, ließ diesen Schmitzen teilweise nachfahren, obwohl nach Ansicht der Bergbeamten, die die Berghauptener Lagerungsverhältnisse recht gut kannten, keinerlei Hoffnung bestand, dass sie sich zu einem bauwürdigen Flöz entwickeln würden.

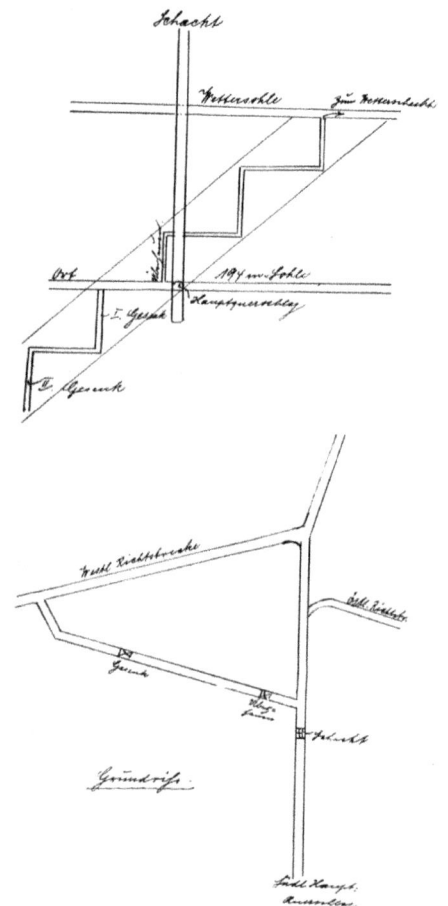

Skizzierter Seiger- und Grundriss der 194 m-Sohle im Theodorschacht. An dem oberen Seigerriss ist dargestellt, wie ein mächtiges Flöz auf dem Niveau der tiefen Sohle den Schacht kreuzt. Abbaue im Schachtbereich mussten daher zum Schutz des Schachtes von der Bergbehörde untersagt werden. Der Grundriss stellt denselben Bereich mit den bislang aufgefahrenen Strecken dar. Die Darstellung stammt aus dem Betriebsplan von 1908.

## Das Betriebskapital geht zur Neige

Den Kohlenabbau in den Stollen hatte man mittlerweile eingestellt, da die erschlossenen Lager weitgehend ausgebeutet waren. Zur Feuerung der Kessel wurde stattdessen das mächtigste Flöz auf der 194 m (6.) Sohle ausgebeutet.

Außerdem stellte man bald die Auffahrung der Querschläge ein, da dort Wasser zutrat und trotz vergleichsweise geringer Schüttung die primitive Wasserhebungstechnik auf der 194 m Sohle überforderte. Diese bestand darin, dass das Wasser mit Förderwagen und Wasserkasten bis zur 3. Sohle (der Wettersohle) gehoben wurde, von wo aus die Pumpe es nach übertage förderte. Auch musste der neue große Ventilator des öfteren abgeschaltet und durch zwei kleinere ersetzt werden, da nicht genug elektrische Energie für seinen Betrieb zur Verfügung stand. Dies waren die ersten Anzeichen eines eintretenden ernsten Geldmangels der Gesellschaft: Ehe keine guten Aufschlüsse gemacht würden, konnten nur noch begrenzte Geldmittel zur Verfügung gestellt werden. Daher wurde auch die geplante weitere Vertiefung des Theodorschachtes nun erneut zu den Akten gelegt. Die Aufschlüsse schätzte man als weitgehend unbefriedigend ein, für eine endgültige Beurteilung war es jedoch noch zu früh. *Sicher ist wohl, daß von der Förderung solcher Kohlenmengen, mit denen vor und während der Anlage des Theodorschachtes gerechnet wurde, nicht die Rede sein kann. Wohl aber wird, wenn die Flötze durch Querschläge und Richtstrecken aus- und vorgerichtet werden, in bescheidener Grenze gefördert werden können, was nun Jahre lang nicht der Fall war, und dies ist wohl der Erfolg, auf den bei nüchterner Beurtheilung zu rechnen war* (Naumann).

Im Jahre 1908 sollte daher wieder auf dem 2., 3. und 4. Stollen aufgefahren und vom 4. Stollen aus das noch nicht aufgeschlossene Feld untersucht werden. Auf der 194 m Sohle wollte man das nahe dem Schacht erschlossene Kohlenflöz durch Firstenbau mit anschließendem Bergeversatz gewinnen. In den Stollen, wo nicht auf den Schutz der Tagesoberfläche geachtet werden musste, wurde dagegen Pfeilerbau betrieben. Im Jahre 1908 sollte auch die Wäsche wieder aufgenommen und eine zusätzliche Presse zur Herstellung von Eierbriketts installiert werden.

 Den Bohrbetrieb wollte man von dem mittlerweile eingeführten elektrischen Antrieb auf Pressluftbetrieb umstellen, da sich die elektrischen Bohrhämmer als zu unhandlich und reparaturanfällig erwiesen hatten.

## Kohlensuche im westlichen Grubenfeld

Da die Tiefbaue nach Westen hin erweitert werden sollten, fürchtete man die mögliche Gefahr eines Wassereinbruchs, falls alte Baue der Grube Hagenbach angefahren würden. Außerdem bestand bei Vorrichtung und Abbau des 4 Meter mächtigen Flözes auf der 194 m Sohle die Schwierigkeit, dass es zur Tiefe hin zwar vom nur 7 Meter entfernten Förderschacht weg nach Westen einschob, über der Sohle jedoch folglich auf den Schacht zulief. Daher wurde eine Vorschrift erlassen, dass Abbau innerhalb eines Umkreises von 25 Metern um den Hauptschacht nur sehr eingeschränkt und nach ausdrücklicher Genehmigung durch die Bergbehörde erlaubt ist, um den Schacht nicht zu gefährden.

Eine Zeitungsnotiz vom April 1908: Das Kohlenbergwerk Berghaupten lässt auf Gemarkung Friesenheim Untersuchungsarbeiten durchführen und pachtet zu diesem Zweck ein Grundstück an. Nach Aktenlage wurden die Arbeiten bald wieder eingestellt.

Nordwestlich des Hauptschachtes sollte nun ein Überbruch im Flöz erstellt werden, der mit der 3. Sohle, also der Wetterstrecke, durchschlägig gemacht würde.

Am 24. Februar 1908 hat sich ein Unfall beim Bohren auf der östlichen Richtstrecke der 194 m-Sohle ereignet, als der Bohrer offenbar einen Rest Sprengstoff in einem alten Bohrloch getroffen und zur Explosion gebracht hat. Dabei wurden Bohrhauer Josef Walter und Hauer Georg Brüderle aus Berghaupten durch herumfliegende Gesteinsbrocken schwer, aber nicht lebensgefährlich verletzt.

Im März 1908 berichtete Bergmeister Naumann nichts Wesentliches über neue Aufschlüsse in der Grube: *Interessant ist jedoch die Art, wie sich jetzt die Aus- und Vorrichtung gestaltet. Während nach dem ursprünglichen Bauplan in Abständen von je 150 Metern Abteilungsquerschläge getrieben werden sollten, ist jetzt der 1. östliche Abteilungsquerschlag bei 70 m und der 1. westliche Abteilungsquerschlag zwar bei 130 m angesetzt worden, gleichzeitig aber auch bei 70 m für den Südflügel ein Zwischenquerschlag begonnen worden. Durch diesen ungewöhnlichen oder man kann wohl sagen einzigartigen Querschlagsbetrieb wird allerdings erreicht, daß ziemlich jeder Packen Kohle in diesem Niveau gewonnen wird. Bald hier, bald dort werden 3 oder 5 oder 10 Wagen Kohle gefördert. Diese Kohle wird jedoch sehr teuer. Als der unterzeichnete Bergmeister zum Betriebsführer äußerte, daß die Tonne Kohle bei dieser Art des Betriebs entgegen der Berechnung des Aufsichtsratsvorsitzenden wohl nicht 10 oder 15 M., sondern 35 M. Selbstkosten verursachen werde, wurde freimütig erwidert, daß auch 35 M. nicht ausreichen. Unter diesen Umständen beginne ich, wenn nicht bald sehr viel bessere Aufschlüsse gemacht werden, die Zukunft von Diersburg-Berghaupten in sehr ungünstigem Lichte zu sehen.*

Im April 1908 erfolgte die Messung der Lufttemperaturen auf der 194 Meter Sohle der Grube. Hierbei ergaben sich folgende Werte:

| | | | | |
|---|---|---|---|---|
| Westl. Richtstrecke | | 194 m Sohle | 20° Celsius |
| ,, ,, | | Süden | 22° Celsius |
| Östl. Richtstrecke | | Norden | 21 ½ ° Celsius |
| Gesenk ,, | | ,, | 23° Celsius |
| Wettersohle Richtstrecke | | vor Ort | 19 ½ ° Celsius |

## Ein Arbeiterverzeichnis aus dem Jahre 1908

Am 2. April 1908 wurde ein Verzeichnis aller seit dem 1. Januar 1906 angelegten Arbeiter der Grube Berghaupten erstellt. Es sei hier vollständig wiedergegeben, da es interessante Einblicke in die Vortätigkeit der Belegschaft erlaubt:

| Nr. | Name | Angelegt am | Abgelegt am | Vorher beschäftigt gewesen als |
|---|---|---|---|---|
| 1. | Armbruster, Frz. | 1.3.07 | | Bäcker in Berghaupten |
| 2. | Armbruster, Gust. | 23.9.07 | | Handlanger in Berghaupten |
| 3. | Benz, Frz. | 15.1.06 | | Knecht in Berghaupten |
| 4. | Berg, Jos. | 4.6.07 | | Zigarrenarbeiter in Zunsweier |
| 5. | Biedermann, Joh. | 1.8.06 | | Taglöhner in Berghaupten |
| 6. | Bruder, Leop. | 15.1.07 | | Handlanger in Berghaupten |
| 7. | Brüderle, Jos. I | 1.6.06 | | Landw. Arb. in Berghaupten (zu Hause) |
| 8. | Brüderle, Wilh. | 18.2.07 | | Hauer in Kalkgrube Niederschopfheim |
| 9. | Benz, Ludw. | 14.10.07 | | Zigarrenarbeiter in Diersburg |
| 10. | Bahsler, Franz | 24.10.07 | | Bohrhauer in Kalkgrube Niederschopfheim |
| 11. | Büderle, Jos. II | 24.1.08 | | Maurer in Berghaupten |
| 12. | Feisst, Franz | 10.12.06 | | Knecht in Berghaupten |
| 13. | Faisst, Carl | 26.2.07 | | Knecht in Berghaupten |
| 14. | Frey, Carl | 1.1.08 | | Landw. Arb. in Diersburg |
| 15. | Greiner, Friedr. | 30.4.07 | | Zigarrenarb. |
| 16. | Greiner, Georg | 7.10.07 | | Landw. Arb. in Berghaupten |
| 17. | Göppert, Georg | 14.11.06 | | Schmied in Berghaupten |
| 18. | Göppert, Karl | 15.11.07 | | Maurer |
| 19. | Geppert, Karl | 6.1.08 | 10.3.08 | Handlanger in Berghaupten |
| 20. | Geppert, Herm. | 6.1.08 | 10.3.08 | Maschinist in Gengenbach |
| 21. | Hartand, Jos. | 1.2.08 | | Schuhmacher in Zunsweier |
| 22. | Heini, Ioo. | 14.9.07 | | Landw. Arb. in Berghaupten |
| 23. | Huber I, Franz | 1.3.06 | | Landw. Arb. in Berghaupten |
| 24. | Huber II, Karl | 1.12.06 | | Landw. Arb. in Berghaupten |
| 25. | Huber III, Karl | 21.1.08 | | Landw. Arb. in Berghaupten |
| 26. | Huber IV, Franz | 1.12.07 | | Maurer in Gengenbach |
| 27. | Hanser, Jos. | 20.1.08 | | Maurer in Berghaupten |
| 28. | Joggerst, Lor. | 16.9.07 | | Klempner in Berghaupten |
| 29. | Jülg, Stef. | 1.4.06 | | Landw. Arb. in Berghaupten |
| 30. | Kaltenbach, Jos. | 2.11.06 | | Hauer in Kalkgrube Niederschopfheim, früher in Berghaupten |
| 31. | Kempf, Ferd. | 14.10.07 | | Schlepper in Erzgrube Reichenbach [wohl Grube Carl] |
| 32. | Kern, Aug. | 30.4.07 | | Handlanger in Berghaupten |
| 33. | Liebert, Georg | 1.9.07 | | Knecht in Berghaupten |
| 34. | Lienhardt, Gottfr. | 3.10.07 | | Knecht in Berghaupten |
| 35. | Lienhardt, Georg | 30.12.07 | | Landw. Arb. in Berghaupten |
| 36. | Lienhardt, Leop. | 21.1.08 | | Landwirt (früher Hauer) in Berghaupten |
| 37. | Moritz, Bernh. | 9.12.07 | | Knecht in Berghaupten |
| 38. | Richle, Anton | 11.2.08 | | Knecht in Berghaupten |

| | | | | | |
|---|---|---|---|---|---|
| 39. | Rödele, Carl | 1.11.06 | | | Landw. Arb. in Berghaupten |
| 40. | Roos, Jak. | 1.4.07 | 1.12.07 | | Schmied bei Schnebel & H. Bruchsal |
| 41. | Schnurr, Jos. | 10.8.06 | | | Landw. Arb. in Berghaupten |
| 42. | Steidle, Frz. Carl | 15.4.07 | 4.2.08 | | Zigarrenarb. Diersburg |
| 43. | Volk, Carl | 11.9.06 | | | Zigarrenarb. Berghaupten |
| 44. | Wälde, Carl | 7.9.07 | | | Zigarrenarb. Diersburg |
| 45. | Walter, Frz. Carl | 15.12.06 | | | Landwirt in Berghaupten |
| 46. | Walter, Jos. | 26.3.07 | | | Maurer in Berghaupten |
| 47. | Walter, Wilh. | 1.12.06 | | | Landwirt in Berghaupten |
| 48. | Zapf, Franz | 4.9.07 | | | Gypser in Zunsweier |
| 49. | Zapf, Xaver | 13.7.06 | | | Steinbrecher Berghaupten |

Grund für die Anforderung dieser Liste durch die Großherzogliche Domänenregierung war wohl die sogenannte „Wurmkrankheit der Steinkohlebergleute". Hierbei handelte es sich um eine aufgrund der unzureichenden sanitären Verhältnisse untertage in dieser Berufsgruppe epidemieartig auftretende Bandwurmerkrankung. Wegen ihrer großen Ausbreitung mussten alle von außen nach Baden kommenden Steinkohlenbergleute gemeldet werden. Im folgenden Oktober wurde darüber hinaus eine bergpolizeiliche Anordnung getroffen, wonach ein bereits außerhalb Badens tätiger Bergmann in dem Steinkohlenbergwerk erst dann seine Tätigkeit unter Tage aufnehmen darf, wenn durch zweimalige Untersuchung festgestellt wurde, dass er nicht unter der Wurmkrankheit leidet. Jedes erkrankte Belegschaftsmitglied war von der Arbeit unter Tage auszuschließen.

**Erfolglose Bohrversuche verschärfen die finanzielle Notlage**

In der ersten Jahreshälfte 1908 wurde durch die Steinkohlenbergbau Diersburg-Berghaupten GmbH eine Bohrung in Oberweier abgeteuft, um dort nach möglichen Kohlenvorkommen zu suchen. Sie wurde nach einer Befahrung, an der neben dem Aufsichtsratsvorsitzenden Kommerzienrat Henning auch Dr. Thürach und Prof. Deecke teilnahmen, bei einer Teufe von 265 Metern jedoch wieder eingestellt, nachdem sie den Granit erreicht hatte. Auch die Gewerkschaft Gute Hoffnung in Stiederbruck im Elsass war zeitgleich mit einer Bohrung beschäftigt, die jedoch wegen eines Meißelbruchs für 8 Tage still lag. Die Erkundungsbohrung, in die die Berghauptener Gesellschaft nach Naumanns Meinung *durch einen württembergischen Geologen getrieben wurde* (gemeint war ein Professor Endrichs), brachte ihr einen Verlust von 40.000 Mark, der die ohnehin angespannten finanziellen Verhältnisse weiter verschärfte.

Im Juni stand die Richtstrecke nach Westen auf der 194 m Sohle bei 240 Metern Länge. Im Süden wurde in einem Querschlag 80 Meter westlich des Hauptquerschlags ein 3 Meter mächtiges Flöz angefahren. Außerdem wurde eine *Lautfernsprechanlage* im Theodorschacht eingebaut, die eine Verständigung zwischen dem Schachtmund und den einzelnen Sohlen erlaubte.

Im August 1908 fand die nächste Revision des Betriebs statt. Die finanzielle Situation der Grubengesellschaft war extrem angespannt, wie Naumann eingehend erläuterte:
*Es ist bekannt, daß die Aufschlüsse in Berghaupten den großen Erwartungen, mit denen die Ges.m.b.H. Steinkohlenbergbau Diersburg-Berghaupten ins Leben gerufen wurde, durchaus*

*nicht entsprochen haben. Unerwartet schnell aber haben die ungünstigen Verhältnisse, denen man sich in der Grube gegenübersah, zu einem finanziellen Zusammenbruch geführt, der in der Zusammenlegung der Antheile auf vier Fünftel ihres Nennwertes seinen Ausdruck gefunden hat. Der Zweck der Zusammenlegung, Gewinnung neuer Gesellschafter, läßt sich jedoch zunächst nicht erfüllen, da der Zusammenlegungsakt erst nach einem Sperrjahr die gesetzliche Gültigkeit erlangt. Die erforderlichen Geldmittel mußten daher auf andere Weise beschafft werden und sind dadurch beschafft worden, daß 3 Gesellschafter, Henning, Schnabel und Liehn (?)[gemeint war Kommerzienrat G. V. Lynen] gegen [...] Belastung des Bergwerks 75000 M. vorgestreckt haben. Diese 75000 M. sollen bei äußerster Sparsamkeit ein Jahr lang für den Betrieb des Werkes ausreichen. Alsdann müssen sich neue Gesellschafter finden, oder die Gesellschaft tritt in Liquidation, um Eigenthum der 3 Hypothekengläubiger zu werden. Die dritte Möglichkeit wäre die, daß sich im Laufe des Jahres die Aufschlüsse so besserten, daß die Ausgaben durch die laufenden Einnahmen gedeckt würden. Leider ist hierfür noch kein Anzeichen vorhanden. [...] Die Belegschaft ist bei den geschilderten Verhältnissen auf das Notwendigste beschränkt worden; unter Tage sind jetzt nur noch 45 Mann beschäftigt.*

## Aufschlussarbeiten bei größter Sparsamkeit

Im August beantragte die Bergbaugesellschaft, die westliche Richtstrecke auf der 194 m (6.) Sohle über die bisher genehmigten 300 Meter hinaus bis zu einer Länge von 420 Meter zu verlängern. Wegen der Nähe der abgesoffenen Grube Hagenbach wurden ehemalige Bergleute befragt und die Grubenrisse konsultiert, die auf einen ausreichenden Sicherheitspfeiler zwischen den Gruben hindeuteten. Somit gab der Bergmeister diese Auffahrung frei, stellte jedoch gleichzeitig fest, dass bei nochmaliger Verlängerung der Strecke vorzubohren sei, um wassergefüllte Hohlräume rechtzeitig erkennen zu können. Zur Hebung der in 24 Stunden zudringenden rund 10 Kubikmeter Wasser von der 194 m Sohle wurde 1908 eine Hochdruckzentrifugalpumpe installiert.

*Der Betrieb bietet jetzt das Bild knappster Sparsamkeit: nur die notwendigsten Arbeiten sind belegt, jede Ausgabe, die sich eben vermeiden läßt, ist unterlassen; nur die westliche Richtstrecke wird intensiv vorwärts geführt, da im Westen bessere Aufschlüsse erwartet werden, und dieses Ziel vor dem 1. April erreicht werden soll, bis zu welchem Zeitpunkt die jetzt vorhandenen Geldmittel ausreichen,* so Naumann im Dezember 1908.

Wegen der Geldknappheit waren vorerst sämtliche Untersuchungen nach Osten eingestellt worden. Naumann bestand jedoch gegen den heftigen Widerspruch von Henning darauf, dass der noch nicht begonnene Hochbruch zur 3. (Wetter)-Sohle bis zum 15. Februar 1909 begonnen und mit zwei Schichten belegt sein muß, um die Sicherheit der Bergleute auf der Tiefbausohle zu gewährleisten.

Die westliche Richtstrecke erreichte im Dezember 1908 eine Länge von 290 Metern. Bei 220 Metern hatte man den letzten Querschlag angesetzt, der *ein sehr gut aussehendes Flöz* mit

Geologisches Profil der Bohrung in Oberweier vom Juli 1908. Die knapp 290 Meter tiefe Bohrung traf bereits bei einer Tiefe von 88 Metern Gneis an. Zuvor hatte sie zwar über 80 Meter verschiedene Sedimentschichten durchteuft, doch wurden keine Spuren der gesuchten Karbonschichten erschlossen.

etwa 2 Metern Mächtigkeit erschlossen hat, *das im Streichen besonders nach Westen noch nicht untersucht worden ist, wahrscheinlich, weil man etwaigen Besuchern ein anstehendes schönes Flöz zeigen wollte*, so Naumann.

Anfang 1909 hat der 2. Abteilungsquerschlag nach Norden eine Länge von 85 Metern erreicht und wurde weitergetrieben, während der südliche, in stärker gestörtem Gebirge stehende Querschlag gestundet war. Außerdem stand der 3. Abteilungsquerschlag im Vortrieb, der nach Wienoldts Meinung *mehr Aussicht bietet*. Er hatte eine Länge von jeweils 15 Metern nach Norden und Süden erreicht. *Im zweiten nördl. und im 3. Querschlag wurden einige dünnere Kohlenpacken durchfahren, die aber nicht bauwürdig sind.* Wienoldt äußerte sich pessimistisch zur Fortsetzung des Auffahrens im 2. nördlichen Querschlag, da das Hagenbacher Hauptflöz erst nach weiteren 50 bis 80 Metern zu erwarten sei.

Am Kreuzungspunkt der Richtstrecke mit dem reichsten Flöz hatte man ein Gesenk abgeteuft, in dem die Kohle zuletzt 6 Meter mächtig anstand.

Auf der Wettersohle waren die Bergleute mit Aufräumungsarbeiten beschäftigt, um die Richtstrecke und die Querschläge wieder zugänglich zu machen. Bei diesen Arbeiten traf man 5 bauwürdige Flöze an, die jedoch nach oben hin bereits abgebaut waren. Eigentliches Ziel der Aufräumungsarbeiten war es, vom 1. März 1909 an von dieser Sohle aus ein Gesenk abzuteufen, um dem amtlich geforderten, am 1. Februar von der Tiefbausohle aus im dritten nördlichen Querschlag anzusetzenden Aufbruchschacht entgegenzuarbeiten.

Der Abbau sollte sich 1909 auf die erschlossenen Flöze der 194 m (6.) Sohle beschränken, die durch Gesenke zur Teufe hin erschlossen und im Unterwerksbau gewonnen wurden. In dem projektierten Aufbruchschacht sollten die 4. und 5. Sohle angesetzt und auch die dort erschlossenen Flöze so schnell wie möglich in Abbau genommen werden.

Die Wetterführung stellte sich im Jahre 1909 folgendermaßen dar:
*Die frischen Wetter fallen im Theodorschachte ein, ziehen dann durch den nördlichen Querschlag und die westl. Richtstrecke bis zum I. Abthl.-Querschlag, werden hier durch einen Separatventilator angesaugt und vor die einzelnen Betriebspunkte gedrückt. Die verbrauchten Wetter gehen durch den I. Abthl.-Querschlag nach Süden, und von dort aus durch den südl. Hauptquerschlag und das Wettertrumm zur Wettersohle. Nach Fertigstellung des Aufbruchschachtes und erfolgtem Durchhieb mit der Wettersohle werden die verbrauchten Wetter durch diese nach der Wettersohle ziehen.*

Im 3. südlichen Querschlag wurden nun bis Februar 1909 mehrere Flöze mit 60 bis 80 Zentimetern Mächtigkeit durchfahren, ebenso im 3. westlichen Querschlag, wo man ein Flöz mit immerhin 2 Metern Mächtigkeit eschloss.
Die Richtstrecke war mittlerweile rund 300 Meter lang. Es waren mit ihr zahlreiche Flözpacken angefahren worden, doch zeigte sich bei kurzer Verfolgung fast immer, dass die Bauwürdigkeit

Verzeichnis der Gesellschafter

Steinkohlenbergbau
Diersburg-Berghaupten
G. m. b. H.

nach dem Stande 27. Juli 1908.

| | Name | Zahl der Ant. | seitheriger Wert | nach der Reduzierung des Gesamtwertes |
|---|---|---|---|---|
| 1 | Kaufm. Rud. Henning, Karlsruhe | 56 | 280 000 | 56 000 |
| 2 | Carl Ringwald, Emmendingen | 53/31 | 265 000 | 31 000 | 22 A. verkauft |
| 3 | Graf Hartmann v. Wilhelm | 30 | 150 000 | 30 000 |
| 4 | Adolf Schnabel, Karlsruhe | 28 | 140 000 | 28 000 |
| 5 | A. v. Lynen, Stolberg | 16 | 80 000 | 16 000 |
| 6 | Dr. W. von Saurez, Remelfing | 14 | 70 000 | 14 000 |
| 7 | Oberst von Salmuth, Karlsruhe | 8 | 40 000 | 8 000 |
| 8 | Direktor Stahner, Bruchsal | 8 | 40 000 | 8 000 |
| 9 | Major Kuesmann, Karlsruhe | 6 | 30 000 | 6 000 |
| 10 | Geh. Hofrat Klein, Karlsruhe | 7 | 20 000 | 7 000 |
| 11 | Dr. Bockemöhle, Münster | 4 | 20 000 | 4 000 |
| 12 | Direktor Wienold, N'hausen | 5 | 25 000 | 5 000 |
| 13 | Rud. Schäfer W., Karlsruhe | 3 | 15 000 | 3 000 |
| 14 | Gen. Ing. Fremery, Gengenb. | 3 | 15 000 | 3 000 |
| 15 | Direktor Jeanmaire, Collnau | 3 | 15 000 | 3 000 |
| 16 | v. Jngen. Braun, Karlsruhe | 2 | 10 000 | 2 000 |
| 17 | Gen. Dir. Othberg, Eschweiler Aue | 2 | 10 000 | 2 000 |
| 18 | v. Jngen. Nolte, Berlin | 2 | 10 000 | 2 000 |
| 19 | Ernst Trobwein, Offenburg | 2 | 10 000 | 2 000 |
| 20 | Prof. Dr. Saur, Stuttgart | 1 | 5 000 | 1 000 |
| 21 | Fabr. Jng. Habisch, Karlsruhe | 1 | 5 000 | 1 000 |
| 22 | Dr. van Aken, Remelfing | 1 | 5 000 | 1 000 |
| | Zusammen | 252/230 | 1.260.000 | 230 000 |

Gewerkenverzeichnis der Steinkohlenbergbau Diersburg-Berghaupten vom Juli 1908. Auf einer Gewerkenversammlung wurde der Wert der Anteile auf ein Fünftel reduziert, so dass nun die Möglichkeit bestand, neue Teilhaber für das Bergwerk zu gewinnen und damit die drohende Erschöpfung der finanziellen Mittel abzuwenden.

nicht anhielt. Naumann sah daher noch keine Anzeichen für die von der Betriebsführung erwartete Kohlenmenge von 200.000 Tonnen, die zwischen der Wetter- und der Tiefbausohle sowie zwischen Berghaupten und Hagenbach noch anstünden.

## Eine Kapitalerhöhung soll das Überleben sichern

Der Geschäftsbericht für das Jahr 1909, in dem die Anteilseigner zu einer weiteren Investition von 100.000 Mark in die Grube aufgefordert wurden, stellte die Aufschlusslage außerordentlich positiv dar. Durch Flöze, die im Westfeld neu ausgerichtet wurden, sei ein Kohlenvorrat von 200.000 Tonnen nunmehr gesichert. Man könne jetzt mit einer allmählichen Zunahme der Kohlenförderung rechnen, weshalb gegen Ende 1909 von einer Förderung von monatlich 750 Tonnen Kohle auszugehen sei. Diese sei nach Abzug des Selbstverbrauchs zu 9.000 Mark verkäuflich und könne die Betriebskosten damit abdecken. Wenn die fünfte Sohle förderbereit sei, so werde die Förderung verdoppelt. Von Ende 1910 an könne man dann mit einer jährlichen Förderung von 20.000 Tonnen rechnen.

Auf der Aufsichtsratssitzung der Grubengesellschaft wurde am 15. März 1909 beschlossen, das Kapital um 150.000 Mark zu erhöhen, von denen 100.000 Mark gesichert bereitstanden. Damit war der Weiterbetrieb der Grube zunächst gesichert.

Nun galt es, den bis April auf 20 Meter hochgebrochenen Aufbruchschacht weiter zu verlängern und mit dem von der 3. Sohle mittlerweile ebenfalls auf 20 Meter abgeteuften Gesenk durchschlägig zu machen.
Anfang Juni war das Gesenk 30 Meter tief und der Hochbruch 45 Meter aufgefahren. Der 2. nördliche Abteilungsquerschlag wurde stillgelegt, da das Gebirge dort zu unregelmäßig war. Dafür nahm man den 3. nördlichen Querschlag wieder auf und fand ein etwa 80 Zentimeter mächtiges Flöz. Unter dem Aufbruchschacht wurde ein neuer Ventilator installiert, der auch die Luft für den 3. Querschlag lieferte. Der Ventilator bekam die Luft von dem auf der Richtstrecke montierten Ventilator zugedrückt. Auch im 2. Querschlag stand ein Ventilator für ein neues Gesenk, von dem aus ein im Juli 30 Meter langes Ort aufgefahren war. Man hatte dabei Kohle mit 1,5 bis 6 Metern Mächtigkeit erschlossen, die bereits in Abbau stand.

## Neue Vorräte auf der 4. und 5. Sohle der Grube Berghaupten

Am 31. Juli wurde der Durchbruch von der Tiefbausohle zur 3. Sohle vollendet. Man hatte mit dem Schacht zuvor noch ein rund 2 Meter mächtiges Flöz durchfahren. Im September setzte man von diesem Schacht aus die 4. und 5. Sohle an. Dabei konnte auf beiden Sohlen direkt am Schacht ein Flöz mit bis zu 1 Meter Mächtigkeit angefahren werden.
Im Frühjahr 1910 wurde die 3. (100 m) Sohle nun mit mehreren weiteren Gesenken mit der 4. (131 m) Sohle verbunden. Gleichzeitig fuhr man im Niveau der 4. Sohle Querschläge und Richtstrecken auf und setzte am Nordende der 4. Sohle ein Gesenk an, um eine weitere Verbin-

dung zur 5. (160 m) Sohle herzustellen. Schon nach kurzer Auffahrung schlug die westliche Richtstrecke der 4. Sohle in ein Flöz ein. Ein weiteres Kohlelager wurde mit der östlichen Richtstrecke der 4. Sohle sowie auf der 5. Sohle erschlossen. Beide Flöze wurden für die Kohlegewinnung im Firsten- und Firstenquerbau vorgerichtet, doch fand wegen Absatzmangels kein Abbau statt.

## Die Grube geht in Liquidation und wird versteigert

Am 12. Mai 1910 beschlossen die Teilhaber der Steinkohlenbergbau Diersburg-Berghaupten GmbH, die Grube mangels Betriebskapital in Liquidation gehen zu lassen. Daher wurden die meisten Arbeiter zum Ende Mai entlassen. Sie fanden zumeist in den Gruben Oberkirch und Schauinsland bei Freiburg sowie in den Steinbrüchen bei Steinach und beim Wagenbau in Offenburg eine neue Beschäftigung, oder wurden wieder in der Landwirtschaft tätig. Das Großherzogliche Notariat Gengenbach versteigerte die Grube am 23. Juni 1910, wobei Dr. Henning, Adolf Schnabel und Kommerzienrat G. V. Lynen wie geplant zum Preis von 75.000 Mark Eigentümer der Grube wurden und sie zunächst mit 12 Mann weiter betrieben. Diese sollten die Baue offen halten, die Entwässerung der Stollen sicherstellen sowie so viele Kohlen fördern wie abgesetzt werden können. Außerdem wurde versucht, die Grube zu verkaufen. Da sich kurzfristig aber kein Käufer fand, entschlossen sich die neuen Besitzer, den Betrieb Ende Juli 1910 einzustellen, was sich aber verzögerte.

Am 15. August 1910 wurde von dem ehemaligen Grubensteiger Wilhelm Brüderle Anzeige gegen Betriebsleiter Wienoldt erstattet. Er warf ihm vor, Sprengstoffe ordnungswidrig zu lagern, Bergleute einer Schlagwettergefahr auszusetzen, mehr als die erlaubten 4 Bergleute auf der Förderschale zur Ein- und Ausfahrt zu zwingen und die Dampffördermaschine regelwidrig zu bedienen. Darauf kam es zu einer amtlichen Vernehmung aller Beteiligten. Der Betriebsleiter wurde wegen der unstatthaften Personenfahrung verwarnt und sollte alten Sprengstoff vernichten. Die anderen Vorwürfe waren nicht hinreichend bewiesen.

Wienoldt schickte wegen der bald zu erwartenden Betriebseinstellung eine Kiste mit *Steinen, Pflanzenabdrücken und Thonstein* an die Bergbehörde ab. Er übersandte ihr auch zahlreiche Betriebsunterlagen, da Bergrat Ziervogel eine eingehendere Beschreibung des Bergwerks und der Kohlenvorkommen plante, deren Publikation im Jahre 1914 erfolgte. Später kam noch eine weitere Kiste mit Gesteinsproben zum Versand.

Offenbar wurde der Betrieb doch noch eine Zeit lang weitergeführt, vermutlich weil Henning weiterhin an einem Verkauf der Grube an den Staat interessiert war und das Bergwerk hierzu instandhalten wollte. Am 25. Januar 1911 teilte Wienoldt dem Bergmeister aber mit, dass der badische Staat das Angebot der Steinkohlenbergwerke zur Beteiligung an der Grube abgelehnt hat, womit das Schicksal des Werks besiegelt war.

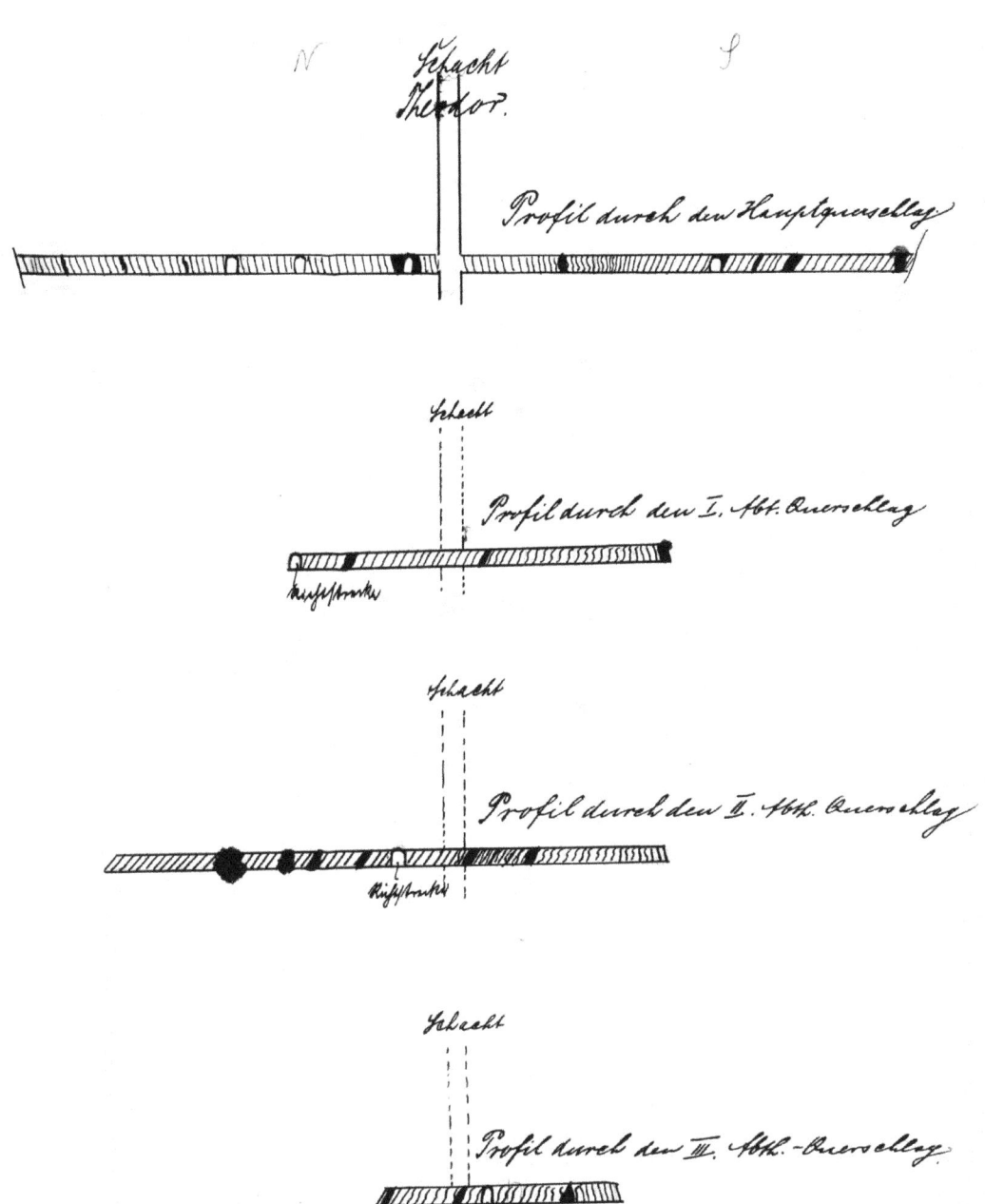

Von Wienoldt angefertigte, zeichnerische Darstellung von Stollen- und Querschlagsprofilen auf der 194 m-Sohle des Theodorschachtes vom Januar 1909. Die angetroffenen Kohlenflöze sind schwarz dargestellt.

*Telegramm-Adresse:*
*Kohlenbergbau Berghaupten-Gengenbach*

*Telephonanschluss Gengenbach 5*

Berghaupten, den *14. Juni 19..*

*Bahnstation u. Post Gengenbach (Baden)*

An

*Das Großherzogl. Herrn Bergmeister*
*in Karlsruhe*

Umstehend überreiche ich Ihnen die Bedingungen für die Versteigerung des Steinkohlenbergbau Diersburg-Berghaupten G. m. b. H. in Liquidation. Die Versteigerung findet am

**Donnerstag, den 23. Juni cr., nachmittags 3 Uhr**

**im Dienstzimmer des Notariats in Gengenbach** statt.

Die Versteigerung umfaßt die in den Gemeinden Berghaupten, Diersburg, Gengenbach,
Reichenbach, Niederschopfheim, Zunsweier und Oberschopfheim belegenen, auf Steinkohlen verliehenen
Gerechtsamen von 620 ha, 29 ar, 37 qm Größe, ferner die im Grundbuche Berghaupten Band 6
Heft 27 eingetragenen Grundstücke Lgb. No. 198, 637, 638 a, 639, 77 b, 636 und Grundbuch Diers-
burg Bd. 6 Heft 22 eingetragene Grundstück Lgb. No. 354, sowie sämtliche Gebäude, Maschinen,
Geräte und Vorräte, überhaupt alles fahrende Zubehör.

Hochachtungsvoll!

Der Liquidator:

*Wienwald*

Schreiben der Steinkohlenbergbau Diersburg-Berghaupten GmbH zur bevorstehenden Versteigerung der Gesellschaft. Die Hauptschuldner Henning, Schnabel und Lynen wurden nun alleinige Inhaber.

## Das Ende einer Ära

Im Februar 1911 begann man mit dem Ausbau der Schienen, Lutten und Pumpen in der Grube. Anschließend sollten die Kabel, Pumpenleitungen und Schienenführungen unter Aufsicht von Steiger Armbruster entfernt werden.

Anfang März 1911 waren noch 8 Arbeiter und ein Steiger in der Grube angestellt, die im Schichtlohn bei dem Ausbauen der elektrischen Kabel und der Pumpenrohre Beschäftigung fanden. Alle anderen Gegenstände hatte man bereits nach über Tage gebracht. Da die Werksleitung immer noch Hoffnung hatte, dass sich ein Interessent für das Werk fände, wurde die endgültige Verfüllung des Theodor- und des Pumpenschachtes auf den kommenden Winter verschoben. Beide Schächte wurden vorerst nur doppelt mit hölzernen Bühnen abgedeckt und eingefriedet.

Die Einstellung des Bergwerks führte indes schnell zur Beunruhigung der Grundstückseigentümer, waren doch einige der Stollen und Abbaue recht oberflächennah angelegt und drohten nun beim Zusammenbrechen die Erdoberfläche und ihre Bebauung in Mitleidenschaft zu ziehen. Das Bergamt veranlasste daraufhin Ende 1911, dass Steiger Armbruster die nahe der Oberfläche verlaufenden Stollen 3 und 4 abschnittsweise verfüllte und das darauf abgeteufte Gesenk zuschüttete, was bis Januar 1912 geschehen ist. Weitere Auflagen folgten in den nächsten Monaten, als sich gelegentlich kleinere Einbrüche an der Oberfläche bemerkbar machten.

## 1919: Bescheidener Neubeginn unter einem neuen Eigentümer

Bereits im November 1917 kam es zu ersten Planungen, die Grube wieder zu eröffnen. Diese wurden unter anderem durch die Aussage von Bergleuten begründet, dass bei Schließung des Bergwerkes darin Kohlenmassen bloßgelegt worden seien, *mit denen der ganze Kreis Offenburg bequem über den Winter versorgt werden* könne.

Im November 1919 wurden nach Mitteilung von Walter Henning erneut Schürfarbeiten im Kohlenfeld Diersburg-Berghaupten durchgeführt, und zwar am Eck östlich Diersburg und in Berghaupten. Tatsächlich kam es noch im selben Monat zur Aufnahme bergmännischer Arbeiten durch die Spiegelmanufaktur Waldhof AG, die die Gerechtsame (d.h. die Abbaurechte) zum Preis von 250.000 Mark gekauft hatte. Hierbei wurden zunächst 17 Arbeiter beschäftigt, im Dezember erhöhte sich ihre Zahl auf 28. Betriebsleiter war Hans Schmidkonz. Zur Durchführung der Arbeiten wurde der Obersteiger Gottfried Armbruster erneut angestellt, der schon 1882 bis 1908 in dem Kohlenbergwerk beschäftigt gewesen war.

Im Januar 1920 reichte der neue Eigentümer einen Betriebsplan ein. Leider ist die Lage der darin genannten Betriebspunkte nicht mehr im Detail nachzuvollziehen. Demnach hatte man den sogenannten „Alten Stollen" auf Gemarkung Diersburg auf einer Länge von 30 Metern wiedereröffnet, wobei die Kohlenlager dort auf der 2. Sohle in geringer Mächtigkeit erschlossen wurden. Nun sollten die 2., 3. und 4. Sohle weiter eröffnet werden, wo die Kohlelager zum Teil noch nicht abgebaut waren. Außerdem wurde auf Höhe 312 ein alter Stollen rund 65 Meter weit aufgesäubert. Man erwartete, zu Beginn des Jahres 1920 dort ein 12 Meter mächtiges Kohlenschiefertrum anzufahren. Auf Höhe 391,5 wurde über dem alten Hagenbacher Hauptschacht ein 18 Meter langer Versuchsstollen vorgetrieben, der in Kohlensandstein stand und weiter verlängert wurde.
Die Kohlengewinnung war in einem auf 18 Meter Länge aufgewältigten Stollen bereits angelaufen, der auf Gemarkung Berghaupten am Weg nach Heiligenreute auf Höhe 259,8 lag. Das dortige Flöz war 2 Meter hoch und 1 Meter breit. *Am Hang der Höhe 374,0 am Weg von Heiligenreuthe nach Hagenbach ist ein Förderstollen von 5 x 4 m eingetrieben, in welchem sich ein bisher auf 4 m abgeteufter Förderschacht befindet.*
Die Förderung war bislang vorwiegend eine horizontale Stollenförderung. Lediglich in der Höhe 374,0 hatte man einen Handhaspel aufgestellt. In der Aufbereitung waren insgesamt vier Arbeiter beschäftigt.

Am 20. Januar 1920 nahm Bergrat Ziervogel eine Befahrung des Betriebs vor, über die er folgendes berichtete:
*Die Kohlenknappheit veranlasste die Spiegelmanufaktur Waldhof A.G. in Mannheim-Waldhof Ende November 1919 den Betrieb des Steinkohlenbergwerks Diersburg-Berghaupten wieder aufzunehmen. Bei der am 9. d. Mts. vorgenommenen Besichtigung fanden an 7 verschiedenen Stellen der streichenden Ausdehnung des Steinkohlengebirges zwischen Ludwigstollen im Berghaup-*

tener Revier und dem Ausbiss südwestlich von Diersburg Aufschluss- bezw. Gewinnungsarbeiten statt. Die genaue Lage und Art der Betriebspunkte ist folgende:

Ein Stollen von 10 m Länge beginnt am Weg zwischen Ludwigstollen im Berghauptener Revier und Bottenbach, etwa 100 m wegaufwärts vom Ludwigstollen entfernt. Angetroffen wurden bisher 2 Kohlenpacken von 1 m und 0,20 m Mächtigkeit.
In der Nähe des ehemaligen Stollen 4 sind vom Weg aus 3 Stollen in den Berg getrieben worden. Im Obersten Stollen hatte man in der Kohle ein flaches Gesenk angelegt, das jedoch bei 5 m Tiefe in alte Hagenbacher Baue einschlug und wieder verfüllt werden musste. Stollenlänge jeweils ca. 15 m.
Ein Stollen von 20 m Länge befindet sich oberhalb des alten Hagenbacher Schachtes. Vor Ort war ein verbrochener alter Bau sichtbar. Ohne Kohle.
Ein verlassener Stollen beim Johannesstollen ist 65 m lang, vorwiegend im Konglomerat aufgewältigt worden. Dann folgt ein alter verbrochener Abbau. Ohne Kohle.
Der Neue Diersburger Stollen ist auf etwa 30 m Länge geöffnet worden. Die von diesem Endpunkt aus angelegten Abzweigungen schlugen zum Teil in alte Baue ein. Spärlich Kohle.

Die Stollen- und Gesenkauffahrungen bzw. Aufwältigungen erfolgen nach den Angaben alter Diersburg-Berghauptener Bergleute, welche alsbald auf mächtige und gute Kohlenflöze zu stoßen hofften. Die bisherigen Betriebsergebnisse sind jedoch wenig befriedigend. Die Aufschlüsse zeigen das in Diersburg-Berghaupten übliche Bild geologischer Zerrüttung der Gebirgsschichten. Kohle, Schiefer und die verschiedenen grob- und feinkörnigen Kohlensandsteine liegen wirr durcheinander gerieben. Normale Schichtung und Streichrichtung sind nirgends zu erkennen. Der Betriebsleiter erklärte, dass das sicherheitshalber eingebaute Holz den Wert und auch den Heizwert der bisher geförderten Steinkohlen bei weitem übertreffen dürfte.
Nach dem Eintreffen eines bergmännisch geschulten Betriebsleiters sollen tiefer liegende Kohlengebirgsregionen mittels Schächten und Bohrungen untersucht werden.

**Dr. Ing. G. Nicolai**
Direktor der Steinkohlenbergwerke
Diersburg-Berghaupten

Gengenbach (Baden), den 12. Aug. 1920

Briefkopf des neuen Direktors der Steinkohlenbergwerke Diersburg-Berghaupten nach der Neuaufnahme der Arbeiten, Gerhard Nicolai.

Zu Beginn des Monats April 1920 war die Zahl der Arbeiter bereits auf 54 gestiegen. Von diesen hatten nur 4 den Hauerberuf erlernt. Von den übrigen *waren nur wenige jemals zuvor in einem Bergwerk*, so dass Steiger Armbruster 14 von ihnen als Lehrhäuer ausbilden wollte.

Im Laufe des Jahres 1920 wurden im neuen Stollen 5 wohl größere Kohlenpartien angetroffen. Diese verfolgte man jeweils durch Strecken bis zum Auskeilen und legte in regelmäßigen Abständen in der Sohle Gesenke an.

Die Produktion des Werks betrug im Juni 1920 316,02 Tonnen, im Juli 318,51 Tonnen und im August 228 Tonnen. Im August war die Belegschaft auf beachtliche 130 Arbeiter und 9 Beamte gestiegen. Insgesamt wurden zwischen Oktober 1919 und 1. Oktober 1920 2.575 Tonnen Steinkohle gefördert, zuletzt rund 12 bis 15 Tonnen, d.h. ein Waggon, pro Tag.

Im Laufe des Jahres 1920 ließ die Gesellschaft 2 Bohrungen von 28 und 70,25 Metern abteufen, um die Fortsetzung des Kohlenlagers nach Nordosten unter dem Kinzigtal zu erschließen. Beide Bohrungen, deren Kosten sich auf etwa 100.000 Mark beliefen, trafen zur Enttäuschung der Unternehmer unter dem diluvialen Schotter lediglich Granit an. Die Spiegelmanufaktur in Mannheim erzielte indes Aufgrund des geringen Geldwerts sehr hohe Erlöse beim Verkauf ihrer Produkte im Ausland, womit die Aufrechterhaltung des Betriebs in Berghaupten vorerst begründet wurde.

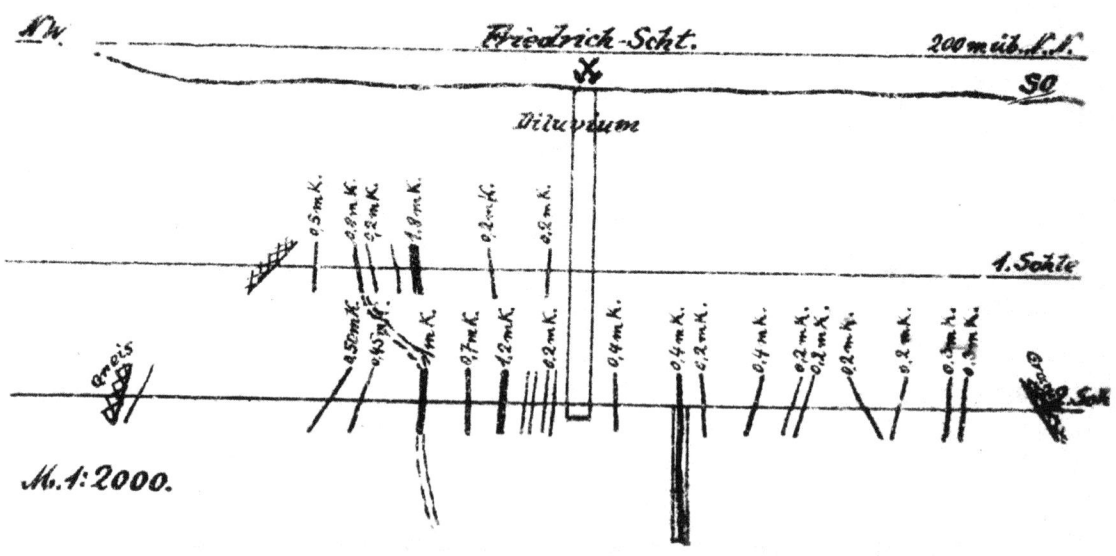

Skizze aus einem Gutachten Nicolais, das sich unter anderem mit den Erfolgsaussichten einer Wiedereröffnung der Schachtanlage "Großherzog Friedrich" befasste. Nicolai stellte die aus der ehemaligen Betriebsphase bekannten Flöze mit ihren Mächtigkeiten auf den beiden Sohlen des Schachtes dar.

## Die Grube wird verpachtet

Gegen Ende Januar 1921 wurde der wirtschaftlich wenig lohnende Betrieb stark eingeschränkt. In Kürze sollte er sogar ganz eingestellt werden, sobald die aufgeschlossenen Kohlen hereingewonnen worden waren. Nachdem schon die Vorgängergesellschaft in Berghaupten einen Verlust von über 1 Million Mark gemacht hatte, scheiterte hiermit erneut ein Versuch, in Berghaupten rentablen Steinkohlenbergbau zu betreiben.

Im Mai waren noch 22 Mann beschäftigt, um die im Stollen 5 vorgerichtete Kohle zu gewinnen und die Grubenbaue zu verfüllen. Direktor Gerhard Nicolai verließ anschließend die Grube. Die Spiegelmanufaktur verpachtete den Betrieb nun an ihren kaufmännischen Leiter Hans Schmidkonz. Dieser gründete die Firma Hans Schmidkonz u Co., Steinkohlenbergwerk – Gesellschaft m.b.H. in Berghaupten mit einem Stammkapital von 120.000 Mark. Geschäftsführer war neben Schmidkonz der ehemalige Direktor Ernst Frohwein.

Dieser teilte der Bergbehörde am 30. September 1921 mit, dass die Grube weiter betrieben würde. Es waren zu diesem Zeitpunkt in Diersburg 40 Arbeiter unter den Steigern Jakob Haas und Ludwig Benz tätig, während in Berghaupten der Obersteiger Gottfried Armbruster weiterhin mit 22 Bergleute arbeitete.

Nach dem Betriebsplan für 1922 wollte die Gesellschaft den Neuen Josephstollen im Diersburger Revier weiter auffahren und mit dem Jacobstollen zum Durchschlag bringen. Durch Querschläge nach Norden und Süden sollten ebenso wie im Jacobstollen Flöze angefahren und anschließend abgebaut werden.
Man plante, neben einem Versuchsstollen im Hagenbacher Revier insbesondere auch den Diersburger Talstollen weiter aufzufahren und schließlich mit dem neuen Josephstollen durchschlägig zu machen, worauf die gesamte Förderung durch den Talstollen erfolgen könnte.
In Berghaupten war darüber hinaus geplant, zur Erschließung von Flözen den Querschlag im Neuen (5.) Stollen weiter nach Nordwesten aufzufahren. Außerdem wollte man auch in diesem Feld einen Versuchsstollen anlegen, und zwar entweder in der Nähe des alten Fuchsstollens oder im Bereich des alten Großherzog Friedrich-Schachtes.

Im Mai 1922 wurden täglich 10 bis 15 Tonnen Kohle gefördert. Während dieser Gewinnungsphase hat ein Arbeiter in Berghaupten pro Tag rund 60 bis 90 Kilogramm Kohle gewonnen. Die geringe Effizienz dieser Grube zeigt sich darin, dass zur selben Zeit ein Bergmann im Saargebiet 470 Kilogramm, im Ruhrgebiet sogar 640 Kilogramm gewinnen konnte.
So kam es, dass der Verkaufspreis von zehn Tonnen Ruhrkohlen 1920 zwischen 3.000 und 3.300 Mark lag, während die Diersburg-Berghauptener Kohle die Spiegelmanufaktur Mannheim ohne Berücksichtigung von Abschreibungen, Verzinsung, Steuern etc. zwischen 2.900 und 3.850 Mark kostete, im Mittel 3.430 Mark, wobei die lokale Kohle gleichzeitig einen deutlich geringeren Heizwert hatte.

## Arbeiterunruhen im Zeichen der Inflation

Anfang 1922 entwickelte sich die Lage der Grube Berghaupten schlecht. Einerseits hatten starke Regenfälle dazu geführt, dass die Aufschlussarbeiten nur langsam vorankamen. Daher belief sich die Förderung der 38 Mann starken Belegschaft nur auf 1 – 2 Waggons pro Woche. Neue Kohlenlager waren nicht auffindbar. Außerdem kam es zu ersten Auseinandersetzungen mit den Arbeitern: Auf Antrag des Berufsverbandes Deutscher Steinbrucharbeiter, Sekretariat Offenburg, war ein Schiedsspruch ergangen, der eine Lohnerhöhung um 80% vorsah. Er wurde aufgrund der schlechten Situation des Betriebs jedoch vom Badischen Landeskommissär als Demobilmachungskommissär schließlich abgelehnt.

Ziervogel schrieb hierzu:
*Die von der Steinkohlenbergwerks-G.m.b.H. gezahlten Löhne sind m.E. anormal niedrig. Sie sind jedoch in den sowohl vom Unternehmer als auch von den Arbeitern unabhängigen ungünstigen Kohlenaufschlüssen sowie in der Mittellosigkeit der Unternehmer begründet. Die geringste finanzielle Belastung scheint geeignet, den Betrieb zum Erliegen zu bringen. Bei Verbindlichkeitserklärung des fragl. Schiedsspruches würde eine Lohnnachzahlung von ca. 250 000 Mark in Frage kommen, welche die G.m.b.H. mit einem Stammkapital von nur 120 000 Mark und 4-500 000 Mark Schuldenlast nicht leisten kann.*

Aus diesem Grunde waren nur noch ortsansässige Arbeiter als Bergleute tätig, die nebenbei eine Landwirtschaft betrieben. Die schlechte Lage sah der Betriebsrat ein, und da den im Juli 1922 insgesamt 87 Arbeitern viel an der Erhaltung des Bergwerks lag, haben sie lediglich einen Aufschlag von 20% auf die Aprillöhne gefordert, keineswegs eine Lohnerhöhung um 80%, wie von anderer Seite offenbar ohne Kenntnis der Situation in der Grube erwartet wurde.

Ein Vollhauer sollte nun pro Tag als Lohn erhalten:

| | |
|---|---|
| ab 1. Juli 1922 | 14 Mark |
| ab 15. Juli 1922 | 16 Mark |
| ab 1. August 1922 | 18 Mark |
| ab 20. August 1922 | 21 Mark |

Die Förderung der vergangenen Jahre belief sich auf:

| | |
|---|---|
| 1920 | 3.558 Tonnen |
| 1921 | 5.050 Tonnen |
| 1922 | 5.490 Tonnen |

## Das Bergwerk wird geteilt

Ab Anfang Januar 1923 beschränkte sich die Gesellschaft unter dem Namen „Steinkohlenbergwerk Diersburg" auf ihren dortigen Grubenbetrieb. Das Feld Berghaupten ging derweil in den Besitz der Firma Gebr. Bott in Bruchsal über, die erneut Ernst Frohwein als Betriebsleiter anstellte.

Aufgrund dieser Aufteilung des Bergbaus auf zwei Unternehmer war unter bergrechtlichen Gesichtspunkten eine Feldesteilung vorzunehmen. Die Felder "Im Burggraben" und "Im Diersburger Tal" gingen ungeteilt an Schmidkonz, während die Felder "Hilda", "Hagenbacher Grube" und "Staufenkopf" auf Bott und Schmidkonz aufgeteilt werden mussten. Die Felder "Himmelreich Stollen" und "Großherzog Friedrich" gingen dagegen komplett an Bott über.

### Badische Kohle.

Das Steinkohlenbergwerk Diersburg bei Offenburg weist in einer Zeitschrift darauf hin, daß in seinen Gruben Kohlen für einen Zeitraum von 200 Jahren vorhanden sei und daß bei einem entsprechenden Ausbau des Werkes jährlich 75 000 Tonnen in guter Qualität gewonnen werden könnten. Die bisherigen Unternehmer hätten mit ihren unzulänglichen Mitteln nur einen Abbau sehr primitiver Art ermöglichen können. Durch zeitgemäßen Maschinenbetrieb lasse sich eine Herabsetzung der Kosten um 80 Prozent erzielen. Die badische Regierung werde nach den beim Hagenschieß gemachten Erfahrungen zwar keine Lust zur Beteiligung an wirtschaftlichen Unternehmungen mehr haben. Dagegen hoffe die Verwaltung des Werkes, daß Vertreter der Finanz und Industrie sich bereit finden möchten, durch Uebernahme von 1000 Kuxen zu 10 000 ℳ das Kapital aufzubringen, das erforderlich wäre, um einer zu bildenden Gewerkschaft die rationelle Ausnützung der badischen Kohlenschätze zu ermöglichen.

Wir können uns nicht denken, daß die badische Regierung dieser Angelegenheit interesselos gegenübersteht. Es wäre erwünscht, wenn die Bergbehörde sich sachverständig über das Kohlenvorkommen äußern wollte. Daran kann nicht gezweifelt werden, daß, wenn sich der Abbau in der Tat lohnt, auch die Mittel zu seiner Durchführung zu beschaffen sind, sei es nun von Staatswegen oder von privater Seite.

Die Presse berichtete im August 1922 über die Versuche des Bergwerks, finanzkräftige Investoren aus der Industrie zu finden. Nach mehreren abschlägigen Bescheiden hatte man die Hoffnung, der Staat könnte sich an dem Betrieb beteiligen, aufgeben müssen.

Bergleute vor einem Stollen bei Berghaupten. Aufgrund ihrer Kleidung liegt die Vermutung nahe, dass dieses un-
datierte Bild in den 1920er Jahren entstanden ist. Die Beleuchtung, die zu Beginn des Jahrhunderts noch durch Öl-
lampen erfolgte, wurde nun mit Hilfe von Karbidlampen sichergestellt. Die Förderung aus den zahlreichen zumeist
kurzen Versuchsstollen erfolgte zu dieser Zeit oft mit Hilfe von Handkarren. Während der linke Arbeiter eine Keilhaue in der Hand hält, trägt der zweite Bergmann von links einen Fäustel und einen Bohrmeissel, mit deren Hilfe
kurze Bohrlöcher für Sprengungen von Hand erstellt werden konnten.

Im April 1923 wurden die Löhne der Belegschaft in Berghaupten neu festgesetzt. Sie betrugen nun pro Tag:

| | |
|---|---|
| Vollhauer | 450 Mark |
| Hauer | 447 Mark |
| Lehrhauer | 444 Mark |
| Schlepper über 20 Jahre | 446 Mark |
| Schlepper von 18 – 20 Jahre | 440 Mark |
| Schlepper unter 18 Jahre | 430 Mark |

Die Kinderzulage belief sich auf wöchentlich 400 Mark.

Im Oktober kam es nach Arbeitsniederlegungen durch die Bergleute aufgrund des erneut zu niedrigen Lohns am 2. Oktober zur Aussperrung. Die Firma Gebr. Bott weigerte sich, über den Spitzenstundenlohn von nun 25 ½ Millionen Mark für die Woche vom 11. bis 18. Oktober 1923 hinauszugehen. Daraufhin hat die Belegschaft unter dem Druck der wirtschaftlichen Not die Arbeit am 10. Oktober wieder aufgenommen. Das Bezirksamt Gengenbach wandte sich nun an die Bergbehörde:
*In Anbetracht der raschen Geldentwertung genügt aber ein Wochenlohn von etwas über einer Milliarde nicht zur Bestreitung der allerdürftigsten Lebenshaltung, selbst wenn die Firma für die folgende Woche auf dieser Grundlage höhere Löhne bewilligt. Die Erregung der Arbeiterschaft über dieses Verhalten des Unternehmens ist durchaus begreiflich.*

Im Oktober 1923 plante die Firma Gebr. Bott, den Betrieb ihrer Grube einzustellen. Die Arbeiterschaft wurde daher unmittelbar nach Arbeitsaufnahme am 10. Oktober zum 27. Oktober 1923 gekündigt. In der Folge sollte das Bergwerk maschinell aufgerüstet werden. Durch elektrisch angetriebene Pumpen und Förderhaspel sollten tiefere Grubenbereiche zugänglich gemacht werden, wo nach Frohweins Meinung so viel Kohle anstand, dass man die Produktion verdoppeln könne. Dann würde die Belegschaft nach Bedarf wieder eingestellt.

Trotz der Kündigung wurde der Berghauptener Belegschaft angeboten, auch nach dem 28. Oktober 1923 weiterzuarbeiten, was wegen der geringen Löhne (Stundenlohn jetzt 200 Millionen Mark in Berghaupten, 400 Millionen in Diersburg, nach dem 28.10. in beiden Gruben 2 Milliarden Mark) jedoch abgelehnt wurde. Aufgrund der Tätigkeit in der Landwirtschaft oder im Gemeindewald führten die Kündigungen somit offenbar zu keinen erheblichen Notlagen für die Belegschaft.

Im Dezember 1923 plante Schmidkonz, zum Betrieb der Gruben Hagenbach und Diersburg eine tausendteilige Gewerkschaft zu gründen, um an Kapital für weitere Erschließungsarbeiten zu gelangen.

Der Diersburger Betriebsplan für 1924 sah vor, den 252 Meter langen, West-Ost verlaufenden Förderstollen *bis Ende April im Akkord soweit fertigzustellen, dass er in Verbindung mit dem Werk im Burggraben die Abfuhr des größten Teils der Förderung von der Talstraße aus gestattet.* Hierzu war noch die Auffahrung von 56 Metern notwendig. Die Schächte und Stollen waren in den vergangenen Monaten bereits verbreitert worden, Schacht 7 war noch um 15 Meter, Schacht 6 um 4 Meter abzuteufen, bis sie den Talstollen erreichten. Im Sommer, spätestens aber im Herbst 1924 sollte der Talstollen über den 3. Querschlag hinaus in Richtung Hagenbach verlängert werden, um das über dem alten Johannesstollen noch unverritzte Gebirge aufzuschließen.

Im März hatte das Bergwerk Diersburg mit Problemen zu kämpfen, weil die Besitzerin des Grundstücks, auf dem das Mundloch des Neuen Diersburger Stollens lag, mit dem Einreißen des Mundlochmauerwerks begann. Der Stollen musste jedoch unbedingt zur Entwässerung der Grube offengehalten werden, weshalb das Bergamt einschritt und die Abrissbemühungen untersagte.

### Das Ende des Steinkohlenbergbaus in Diersburg-Berghaupten

Am 28. Juni 1924 wurden die Arbeiten in der Grube Berghaupten eingestellt, da die Firma die Löhne wegen Kapitalmangel nicht mehr bezahlen konnte. Frohwein wurde daraufhin zum 1. Oktober 1924 als Geschäftsführer der Grube Berghaupten gekündigt.

*Hans Schmidkonz*
*Bergwerksdirektor*

Diersburg, den *10. Dezember* 192**3**.
*(Baden)*

**Steinkohlenbergwerk Diersburg**

Diersburg, den *8. März* 192**4**.

*Bank-Konto:*
*Süddeutsche Discontogesellschaft A.-G.*
*Filiale Offenburg*

*Telephon: Niederschopfheim Nr. 19*

Briefköpfe von Hans Schmidkonz (oben) und seines Bergwerks in Diersburg (unten), das er ab Januar 1923 selbständig betrieb. Schmidkonz musste seinen Betrieb bereits 1924 einstellen, doch bemühte er sich noch jahrelang um eine Wiederaufnahme des Bergbaus in Diersburg und Berghaupten. Dies wird aus einer großen Zahl von Aufsätzen deutlich, die er in Zeitungen der Umgebung publizierte.

Durch die Arbeiten der Grube Berghaupten haben sich erneut Geländeschäden auf dem Grundstück des ehemaligen Obersteigers Gottfried Armbruster ergeben. Außerdem versiegten Quellen, und Straßen waren durch oberflächlich angelegte Stollen gefährdet. Schmidkonz von der Grube Diersburg informierte das Bergamt, dass die Firma Bott die Geleise in Berghaupten entfernt hat, ohne mit den Auffüllungsarbeiten auch nur begonnen zu haben. Die Firma hatte offenbar zu diesem Zeitpunkt ihr Bergwerkseigentum noch nicht in das Bergwerksgrundbuch Gengenbach eintragen lassen können, da die Feldesteilung noch nicht zustande gekommen war. Die neu eingetretenen Schäden gaben daher Anlass zu langwierigen Auseinandersetzungen.

Da die Firma Bott die Feldesteilung nicht rechtzeitig erwirkt hatte, war auch der notarielle Kaufvertrag vom 15. Dezember 1922 vom Grundbuchamt mittlerweile für nichtig erklärt worden. Somit hatte die Firma Bott unter Frohwein Stollen und Schächte aufgefahren, sowie rund 1.000 Tonnen Kohle gewonnen, ohne einen Rechtsanspruch hierauf zu besitzen. Sie wollte für die Bergschäden, die ihre Arbeiten nach sich zogen, indes nicht gerade stehen, da sie im Berggrundbuch nicht als Eigentümer eingetragen sei. Aus diesen Punkten ergaben sich schließlich strafrechtliche Ermittlungen der Staatsanwaltschaft.

Im Mai 1925 musste auch die Grube Diersburg ihren Betrieb einstellen. Bis zum 15. August 1924 hatte die Firma Schmidkonz in Diersburg etwa 33 Arbeiter beschäftigt, später noch 15 bis 20 Mann. Ihre Entlassung war im März und Mai 1925 erfolgt. Schmidkonz leistete infolge des misslungenen Bergbauversuchs am 24. April 1925 beim Amtsgericht Offenburg den Offenbarungseid.

Im Frühjahr 1928 wurde nochmals ein sehr geringfügiger Steinkohlenbergbau auf dem Grundstück des Landwirts Benz in Berghaupten aufgenommen. In einem Stollen traf Benz ein 75 Zentimeter mächtiges Flöz an, das sich im weiteren Verlauf auf 1,20 Meter verbesserte.

In der Folge ging das Bergwerk Berghaupten in den Besitz von Gustav Winter in Freiburg über. Er beabsichtigte, es mit Hilfe der *Großindustrie* wieder aufzunehmen und einen Versuchsschacht abzuteufen. Da diese Planungen im Sande verliefen, endet hiermit die wechselvolle Geschichte der Steinkohlengruben bei Diersburg, Hagenbach und Berghaupten.

**Heute: Auf Spurensuche**

Obwohl die letzte Steinkohlengewinnung im Revier Diersburg-Berghaupten nun bald 80 Jahre zurückliegt, lassen sich noch einzelne Spuren des Bergbaus entdecken. Am augenfälligsten sind sie im ehemaligen Zentrum des Betriebs im Gewann Heiligenreute, wo der Standort der Aufbereitung und Brikettfabrik am Haupt- und Pumpschacht durch den erhaltenen Schornstein markiert wird. Ein großer Gedenkstein aus dem Jahre 1865 bzw. 1881 weist auf die Vollendung der Auffahrung von Stollen 1 hin, durch den die große Wassergefahr des reinen Schachtbaus der Grube Berghaupten gebannt werden konnte. Am bewaldeten und mit niedrigem Buschwerk bewachsenen Hang unmittelbar nordöstlich davon lassen sich zahlreiche Fundamentreste erken-

**GEBR. BOTT** GMBH **BRUCHSAL i.B**

GOCHSHEIM RAUENBERG

**TONWARENFABRIKEN**

FERNSPRECHER 311 u. 312. TELEGRAMME BOTT BRUCHSAL. POSTSCHECKKONTO 9324 KARLSRUHE
BANKVERBINDUNG: REICHSBANK-GIRO-KONTO BRUCHSAL, RHEIN. KREDITBANK KARLSRUHE.

BRUCHSAL, den 29. Mai 1929.

Die Firma Bott aus Bruchsal gehörte zu den letzten Unternehmen, die sich in Berghaupten im Bergbau auf Steinkohlen versuchten. Der abgebildete Briefkopf stammt aus dem Jahre 1929.

nen, die auf die zur Betriebszeit recht umfangreichen Baulichkeiten der Aufbereitung zurückgehen. Wenige Meter südöstlich davon, jenseits des Feldweges, ist eine auffallende, bewachsene Halde im Talgrund erhalten. Sie besteht wohl aus Abraummaterial eines kurzen Stollens, der ein oberflächlich ausstreichendes Kohlenflöz erschloss und mit dem Grubengebäude bis zur 3. Sohle durchschlägig war. Daneben hat man auf ihr wohl Abraum aus der Aufbereitungsanlage deponiert.

Folgt man dem Feldweg nach Westen und hält sich an der nächsten Weggabelung links, so gelangt man zu einer Vereinshütte, die auf der großen Halde des weitläufigen Stollen 2 errichtet worden ist. Wählt man an der Weggabelung dagegen den rechten Weg, so geht man an der baumbestandenen, langgezogenen Halde des Theodorschachtes entlang bis zu einer weiteren Hütte, an der das mittlerweile völlig unkenntliche Mundloch des ab 1905 abgeteuften Theodorschachtes lag. Auf seiner Halde ist anhand einer langgezogenen Mulde noch deutlich die Lage der ehemaligen Geleise der Grubenbahn nachzuvollziehen.

Vom ehemaligen Theodorschacht kann man auf der leicht ansteigenden Wiese rund 80 Meter weiter nach Südwesten bis zu einem kleinen Wäldchen gelangen. In diesem lagen in enger Nachbarschaft der alte Alexandrinenschacht, der um 1897-1899 abgeteufte Neue Maschinenschacht sowie das Mundloch des Stollen 3. Von ihnen sind die Halde sowie zahlreiche Geländeunebenheiten und Gebäudefundamente erhalten. Die Lage des Neuen Maschinenschachtes ist durch eine Einbruchpinge auf der Haldenoberfläche deutlich auszumachen.

Unmittelbar an der Abzweigung des Feldweges von der Bergwerkstraße liegt wenige Meter von der Straße entfernt das vergitterte Mundloch des Ludwigstollens, in dessen Nähe zuletzt unter

84

# Ein süddeutsches Steinkohlenrevier?

Offenburg, 4. Febr. Seit etwa 200 Jahren sind die Stein=
kohlenvorkommen bei Offenburg (Diersburg und Berg=
haupten) bekannt. Es hat nicht an zahllosen Versuchen ge=
fehlt, diese Vorkommen, die angeblich eine Mächtigkeit von
50 Millionen Tonnen haben sollen, auszubeuten. Alle diese
Versuche sind aber aus den verschiedensten Ursachen fehl=
geschlagen. Erst im letzten Jahr hatte eine amerikanische
Firma das Steinkohlenvorkommen Diersburg=Berghaupten
auf 90 Jahre zum Preise von 1 Million RM. gepachtet.
Aber auch die Amerikaner konnten an die Ausbeutung des
Vorkommens nicht herangehen, weil sie infolge des Börsen=
krachs in Newyork im Oktober 1929 liquidieren mußten.
Nunmehr versucht eine Freiburger Finanzierungsgesell=
schaft unter Inanspruchnahme deutschen und schweizerischen
Kapitals eine Gesellschaft zu gründen, die eine großzügige
Erschließung der genannten Kohlenvorkommen unter Ver=
wendung moderner Abbau= u. Förderungsmethoden durch=
führen soll. Es wird auch eine finanzielle Beteiligung des
Freistaates Baden und der in Betracht kommenden Kom=
munen erstrebt. Die Prospektoren behaupten,

daß sich im Gebiet von Offenburg eine neues süd=
deutsches Steinkohlenrevier schaffen lasse, das inso=
fern eine ernsthafte Konkurrenz für das Ruhr=
revier werden könnte, als das zu entwickelnde Of=
fenburger Revier die Kohlenversorgung Süddeutsch=
lands und der Schweiz zu übernehmen in der Lage
sei. —

Bei einer Ausbeute von 200 000 bis 400 000 Tonnen jährlich
würde die Frachtersparnis gegenüber der Saar= und Ruhr=
kohle jährlich über 1 Million Mark betragen. Die Beteili=
gung Badens und der Kommunen an der zu gründenden
Gesellschaft wird dadurch zu erreichen versucht, daß man
darauf verweist, daß durch die Erschließung der Offenbur=
ger Vorkommen 800 bis 1000 Arbeiter im Bergbau werde
beschäftigen können. Da die Gefahr der Fehlleitung von
Kapital, die heute in Deutschland weniger denn je zu ver=
antworten wäre, bei dem Projekt nicht unbeträchtlich ist,
wäre noch vor irgendwelcher Beteiligung öffentlicher Stel=
len an der geplanten Gesellschaft eine sorgfältige Prüfung
der ganzen Angelegenheit dringend notwendig, zumal es
mehr an Absatzgelegenheiten als an Produktionsstätten für
Kohle fehlt.

Ein recht optimistisch verfasster Zeitungsbeitrag über das Steinkohlenvorkommen bei Diersburg und Berghaupten vom Februar 1931.

# Das Diersburg-Berghauptener Kohlen-Bergwerk — eine Lebensfrage der Zeit

d. Diersburg, 9. Febr. Vor einigen Tagen erschien in dieser Zeitung ein Aufsatz über das Kohlenbergwerk bei Offenburg. Damit war das Diersburg-Berghauptener Bergwerk gemeint, das seit einigen Jahren still liegt. Ein totes, stillgelegtes Bergwerk in einer wirtschaftlich schlechten Zeit muß die öffentliche Aufmerksamkeit unbedingt auf sich lenken, zumal Hunderte von Erwerbslosen gegebenen Falles dort Beschäftigung finden könnten. Und gerade deshalb darf die hiesige Bergwersfrage zur Zeit absolut nicht ruhen, nachdem diese Lebensfrage vor einigen Tagen in diesem Blatte angeregt wurde. Denn es gilt hier, wieder ein Werk zu beleben, das eventuell sogar Hunderte von Arbeitern das Brot geben dürfte und außerdem für unser badisches Land von ungeheurem Nutzen sein könnte. Zum Bergwerk selbst:

Dieses ist noch lange nicht tot, denn es bietet noch ungeheuere Schätze in seinen Tiefen. Wohl besteht es schon seit dem Jahre 1820 und wurde mit einigen Unterbrechungen in gewissen Zeiträumen bis vor einigen Jahren in Betrieb erhalten. Und hier muß vornweg gesagt werden, daß an der Stillegung dieses Betriebes nur der Mangel an Betriebskapitalien die Schuld trägt.

Das Bergwerk in seinem früheren Betrieb wurde nur bis zu einer Tiefe von 500 Meter erschlossen, und hat in den vielen Jahren nur eine Gesamtmenge von 0,5 Millionen Tonnen an das Tageslicht gefördert, während nach Ansicht mehrerer maßgebenden Sachverständigen 12—50 Millionen Tonnen sich noch in diesem Bergwerk befinden sollen.

Dieses wurde überhaupt nur „im Gebirge" selbst bearbeitet, wo doch in der Ebene die eigentlich ergiebigen Flözen lagern sollen. Und der Bergwerkseinbau war doch so primitiv, so unzuverlässig, daß dem Erfolg von vornherein jede Aussicht im Prinzip versagt sein mußte.

Jetzt sollte in der Ebene gearbeitet werden mit Gleisanschluß, mit moderner Großförderanlage 2 000 PS, gegen 30 PS früher.

Die Kohle ist erstklassig (7800—8100 Kalorien), die geographische Lage des Bergwerkes selbst ideal und wegen des großen Frachtvorsprunges gegen die norddeutschen Steinkohlenbergwerke wertvoll. Es ist das einzige Steinkohlenbergwerk Südwestdeutschlands.

Das Bergwerk ist von hervorragenden Gelehrten auf diesem Gebiete begutachtet, von Herrn Professor Dr. Sauer an der technischen Hochschule in Stuttgart und von Herrn Oberbergrat Dr. Ziervogel in Karlsruhe.

Somit sind alle Voraussetzungen gegeben, um ein Wiederbeleben dieses z. Z. stillgelegten Bergwerkes nach jeder Seite hin zu rechtfertigen.

Es handelt sich im Augenblicke nur um einen Kapitalbedarf von 500 000 RM, welcher zu einem definitiven Aufschluß, einschließlich einer momentanen Kleinanlage notwendig wäre.

Eine spätere Großförderungsanlage dürfte dann gegebenen Falles folgen.

Vielleicht erfüllen diese Angaben den Zweck, die maßgebenden Kreise auf diese stilliegenden Werke aufmerksam zu machen, vielleicht dürfte auch eine staatliche Hilfe am Platze sein, zumal die Arbeitslosenfrage zum Teil damit gelöst wäre —

Ich rufe zum Schlusse alle Interessenten in der Nähe und in der Ferne auf, sich zu einer Interessengruppe für das Diersburger-Berghauptener Bergwerk zu vereinigen. Was einer nicht kann, vermögen viele. Wir wollen dann, geschlossen und geeinigt in dem Streben für unsere Heimat, für unser Vaterland große Werte zu schaffen, den Weg suchen und finden, welcher uns das ersehnte Ziel sicher finden läßt! Viele für Einen und Einer für Viele!

Gebet eure Adressen und Namen an die Bürgermeisterämter in Diersburg und Berghaupten auf, das weitere möge sich finden!

Ein weiterer Artikel über das Steinkohlenvorkommen bei Diersburg und Berghaupten vom Februar 1931.

der Spiegelmanufaktur Waldhof nochmals Versuchsarbeiten stattfanden. Der Ludwigstollen führte nach Nordnordwesten, erschloss aber nur einige wenige Kohlentrümer.

Viele weitere Bergbauspuren in der Umgebung von Berghaupten wurden eingeebnet, die Schächte zumeist verfüllt und weite Bereiche der ehemaligen Grubengelände überbaut. Dagegen haben sich im Wald südwestlich von Heiligenreute, unmittelbar am Weg zur Wegspinne des Barack, noch deutliche Spuren der Suche nach Steinkohlen erhalten. Am augenfälligsten ist eine bedeutende Halde unterhalb des Weges, die wohl auf die Stollen 4 und 5 zurückgeht und in den letzten Betriebsjahren aufgeschüttet wurde. In Ihrer Nähe sind noch bemerkenswerte Schurfgräben sichtbar, in denen man oberflächlich nach Kohle gesucht hat.

Wandert man am Barack weiter geradeaus nach Südwesten, so bemerkt man rechts den Taleinschnitt des Hagenbachs. Der zeitweise ausgedehnte Betrieb der Grube Hagenbach war zu Beginn der Darstellung der vorliegenden Arbeit bereits weitgehend eingestellt. In den letzten Jahren des 19. Jahrhunderts diente der Hagenbacher Hauptschacht jedoch noch als Wetterschacht für die Grube Berghaupten. Heute sind am obersten Hang der Talmulde, etwas unterhalb der Forststrasse, noch zwei Halden von Schurfstollen problemlos auszumachen.
Auf einem Wirtschaftsweg kann man am Fuß des rechten Talhanges in den Hagenbach hinabgehen. Dabei bemerkt man nach etwa 200 Metern eine auffällig große, krautbewachsene Einebnung im Talgrund. Hierbei handelt es sich um das ehemalige Betriebsgelände der Grube Hagenbach, das mittlerweile von mächtigem Wald bestanden ist (HAHN, 1992). Am bergseitigen Ende dieser Fläche lagen der 327 Meter tiefe Hagenbacher Hauptschacht sowie zwei weitere Schächte, Stollen 6 und der heute anhand einer kleinen separaten Halde noch gut erkennbare Duboisstollen. Folgt man dem Wirtschaftsweg weiter talabwärts, so sieht man links bald die für hiesige Verhältnisse ungewöhnlich mächtige, gemeinsame Halde der anderen erwähnten Grubenbaue. Während nun rechts des Weges am Hangfuß die letzten Fundamentreste der früher zahlreich vorhandenen Baulichkeiten erkennbar sind, dringt links unterhalb des Weges Wasser aus dem Boden. Es stammt aus dem verschütteten Tiefen Hagenbacher Stollen. Unser Ausflug zur Erkundung der Grube Hagenbach endet an einer Ruhebank, neben der die Gemeinde Zunsweier eine Informationstafel zur Bergbaugeschichte der Gegend aufgestellt hat.

Im Diersburger Tal, wo das Kohlenvorkommen sein südliches Ende erreicht, wurde vor einigen Jahren das Mundloch des Neuen Diersburger Stollens durch einen örtlichen Fasnachtsverein neu hergerichtet und der Zugang dorthin ausgebaut. Der Bereich der Schachtanlage in Diersburg wurde in den vergangenen Jahrzehnten weitgehend überbaut, so dass kaum mehr Bergbauspuren erkennbar sind. Dagegen hat sich nahe der Mündung des Burggrabens in das Diersburger Tal das schön renovierte Zechenhaus erhalten. Daneben, jetzt unmittelbar neben der Bushaltestelle „Kohlwerk" gelegen, steht das baulich etwas veränderte Waaghäuschen der Kohlengrube.

Bei einem Spaziergang durch die Wälder zwischen Diersburg und Berghaupten wird der Leser bestimmt noch weitere Reste des vergangenen Steinkohlenbergbaus entdecken können!

Nahe der Halde des Theodorschachtes und benachbart zu dem erhaltenen Schornstein der Aufbereitungsanlage steht heute die Bergwerkstube (oben). In dem hinter dem Schornstein liegenden Wald finden sich zahlreiche überwachsene Mauerreste, die auf die umfangreichen Baulichkeiten der Aufbereitung und der Brikettfabrik zurückgehen (unten).

Die langgezogene, bewaldete Halde des Theodorschachtes zeigt noch eine deutliche Einmuldung im Verlauf der ehemaligen Schienenbahn (oben). Nur rund 100 Meter entfernt hat sich die Halde des alten Alexandrinenschachtes, des Neuen Maschinenschachtes sowie von Stollen 3 erhalten (unten). An Ihrer Oberfläche ist die Lage des Neuen Maschinenschachtes anhand einer Einsenkung zu erkennen.

Im Bereich der Grube Hagenbach haben sich zahlreiche Bergbauspuren, oft in Form kleiner Halden, erhalten (oben). Das ehemalige Betriebsgelände ist nach mehr als 100 Jahren völlig überwachsen. Trotzdem ist der Ort des Hagenbacher Hauptschachtes noch gut erkennbar (1). Sein Abraum wurde auf eine große, sich zum Tal hin ziehende Halde gekippt (2). Eine weitere deutliche Halde liegt am Rande der Fläche (3). Außerdem sind Fundamentreste der ehemals umfangreichen Baulichkeiten erhalten (4).

Im Diersburger Tal können ebenfalls noch Reste des Bergbaus entdeckt werden. Das ehemalige Zechenhaus ist in unmittelbarer Nachbarschaft der Bushaltestelle "Kohlwerk" ebenso erhalten wie das dazugehörige Waaghäuschen der Kohleverladung (oben eine Aufnahme aus dem Jahr 1970). Wenig talabwärts wurde vor wenigen Jahren das Mundloch des Neuen Diersburger Stollens nach Hagenbach hergerichtet (unten). Durch einen kurzen Fußweg ist es gut von der Talstraße erreichbar.

# Glossar

Die folgende Liste erläutert die wichtigsten in diesem Buch verwendeten Begriffe der Bergmannssprache.

| | |
|---|---|
| *Abbau* | der Ort eines Grubenbaus, an dem die (Kohlen-)Lagerstätte abgebaut wird |
| *Aufbereitung* | Anlage zur Trennung eines Bodenschatzes, hier Kohle, von den wertlosen Bergen (Nebengestein) |
| *Aufbruch* | ein senkrechter Hohlraum, der von einem Stollen aus nach oben hin erstellt wird |
| *auffahren* | das Anlegen von waagerecht verlaufenden Grubenbauen |
| *Ausbau* | die in nicht standfeste Grubenräume eingebrachten Abstützungen, meist aus Holz errichtet |
| *Befahrung* | Begehung eines Bergwerksbetriebs |
| *Berge* | wertloses Nebengestein einer Lagerstätte, das im Allgemeinen auf Halde geworfen wird |
| *Bergmeister* | veralteter Begriff für einen Beamten der Bergbehörde, der die Aufsicht über Bergwerke führt |
| *Feldstrecke* | im Streichen der Lagerstätte angelegter Stollen, von dem aus Abbau erfolgt |
| *Firste* | die Decke eines Grubenbaus |
| *Firstenbau* | Abbauverfahren, bei dem die Kohle in der Firste der Stollen gewonnen wird |
| *Flö(t)z* | Kohlenvorkommen, als flache Schicht in das Nebengestein eingelagert |
| *Gedinge* | bergmännischer Begriff für Akkordarbeit, bei der nach Leistung (z.B. Fördermenge) bezahlt wird |
| *Gesenk* | ein wenig tiefer Schacht, zumeist nur mit primitiven Fördereinrichtungen |
| *Gewerkschaft* | eine Gesellschaft, ähnlich einer Aktiengesellschaft, zum Betrieb eines Bergwerks |
| *Grubenbau* | ein durch Bergleute angelegter untertägiger Hohlraum |
| *Halde* | Anhäufung von gefördertem, aber nicht verwertbarem Gesteinsmaterial |
| *Hangendes* | die Gesteinszone, die sich oberhalb einer Lagerstätte befindet |
| *Hochbruch* | siehe Aufbuch |
| *Liegendes* | die Gesteinszone, die sich unterhalb einer Lagerstätte befindet |
| *Markscheider* | ein auf die Vermessung von Bergwerken spezialisierter Ingenieur |
| *Mutung* | Antrag auf Verleihung von Bergwerkseigentum |
| *Querschlag* | ein etwa rechtwinklig von einem Stollen abzweigender Nebenstollen |
| *Riss* | der auf Papier oder Karton zeichnerisch dargestellte Plan eines Bergwerks |
| *Schacht* | ein senkrecht angelegter Grubenbau |
| *Schlagwetter* | mit brennbarem Methan angereicherte, explosive Luft in einem Bergwerk |
| *seiger* | bergmännischer Begriff für Verlauf entlang der Lotrechten |
| *Sicherheitslampe* | Öl- oder Benzinleuchte, die durch einen Drahtkorb um die Flamme Schlagwetter nicht entzündet |
| *Sohle* | Gesamtheit der Stollen und Strecken eines Grubenniveaus |
| *Steiger* | eine besonders ausgebildete Aufsichtsperson in einem Bergwerk |
| *Stoll(e)n* | ein zumeist waagerecht verlaufender Grubenbau |
| *Strecke* | ein im Verlauf der Lagerstätte aufgefahrener Stollen |
| *Streichen* | der an die Erdoberfläche projizierte Verlauf einer Lagerstätte |
| *Teufe* | bergmännischer Begriff zur Umschreibung der vertikalen Tiefe von Grubenräumen |
| *Trum(m)* (1.) | von dem eigentlichen Lagerstättenkörper abzweigender Teil der Lagerstätte |
| *Trum* (2.) | ein abgetrennter und einer bestimmten Funktion reservierter Teil eines Schachtes |
| *Verleihung* | Vergabe von Abbaurechten für ein bestimmtes Mineral durch die Bergbehörde |
| *Versatz* | Bergematerial, mit dem alte Grubenräume verfüllt werden |
| *Wetter* | der in einer Grube vorhandene oder künstlich angeregte Luftstrom |

## Literatur

Die allermeisten in dieser Arbeit enthaltenen Daten wurden den Akten des Archivs der Landesbergbehörde im Landesamt für Geologie, Rohstoffe und Bergbau Baden-Württemberg entnommen:

Bergamt Karlsruhe Aktenplan 5
10/2 Apl.5 - Steinkohlenbergwerk Staufenkopf bei Berghaupten (Laufzeit: 1904 - 1904)
11/1 Apl.5 - Steinkohlenbergwerk Hilda, Berghaupten (Laufzeit: 1897 - 1901)
11/2 Apl.5 - Steinkohlenbergwerk Großherzog Friedrich, Berghaupten (Laufzeit: 1900 - 1929)
11/4 Apl.5 - Steinkohlenbergwerke Diersburg-Berghaupten (Laufzeit: 1919 - 1928)

Als weitere Literatur wurde benutzt:

ALBIEZ, G. (1974): Das Steinkohlenbergwerk Berghaupten unter C. A. Ringwald. Badische Heimat 54, Heft 2, S. 291 – 308.

HAHN, F. (1992): Das Steinkohlenbergwerk „Grube Hagenbach" bei Zunsweier. Erzgräber 6, Heft 1, S. 26 – 32 und Heft 2, S. 33 – 41.

ZIERVOGEL, H. (1914): Das Steinkohlengebirge von Diersburg-Berghaupten im Amtsbezirk Offenburg. Mitt. d. Bad. geol. Landesanstalt 8, S. 1 – 62.

## Risse der Steinkohlengrube Berghaupten

Auf den folgenden Seiten ist eine Reihe von Grundrissen der Grube Berghaupten reproduziert. Die Risse wurden sämtlich der Arbeit von Bergrat ZIERVOGEL (1914) entnommen und zeigen das zum Zeitpunkt der vorläufigen Betriebseinstellung 1911 noch zugängliche Grubengebäude. Die Erweiterungen, die in der letzten Betriebsphase 1919-1924 angelegt wurden, sind nicht enthalten und heute wegen fehlender Nachtragungen in den amtlichen Rissen nur noch schwer oder gar nicht mehr rekonstruierbar.
Anhand der in den Ziervogel'schen Plänen eingezeichneten geologischen Aufschlüsse ist es auch heute noch möglich, die komplexen Lagerungsverhältnisse der Steinkohlenflöze in Berghaupten nachzuvollziehen. Außerdem erlauben die auf Basis der amtlichen Risse zusammengestellten Darstellungen dem Leser eine problemlose Zuordnung der historischen Schilderungen zu den Betriebspunkten und illustrieren damit die Daten zur Geschichte der Grube Berghaupten.

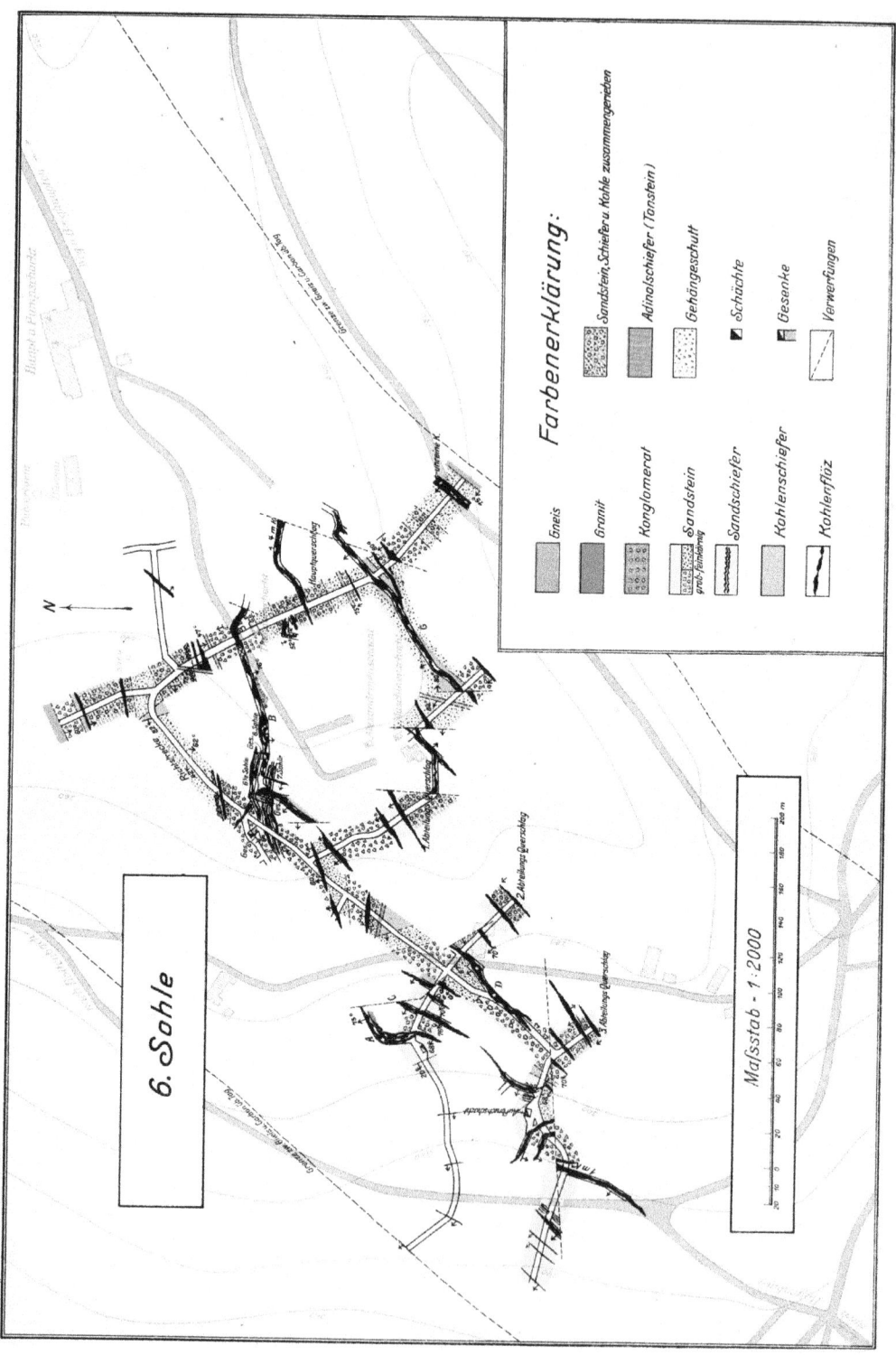

6. Sohle

Farbenerklärung:

Gneis
Granit
Konglomerat
Sandstein grob. Feinlagerung
Sandschiefer
Kohlenschiefer
Kohlenflöz

Sandstein, Schiefer u. Kohle zusammengengeschoben
Adinolschiefer (Tonstein)
Gehängeschutt
Schächte
Gesenke
Verwerfungen

Maßstab = 1:2000

94

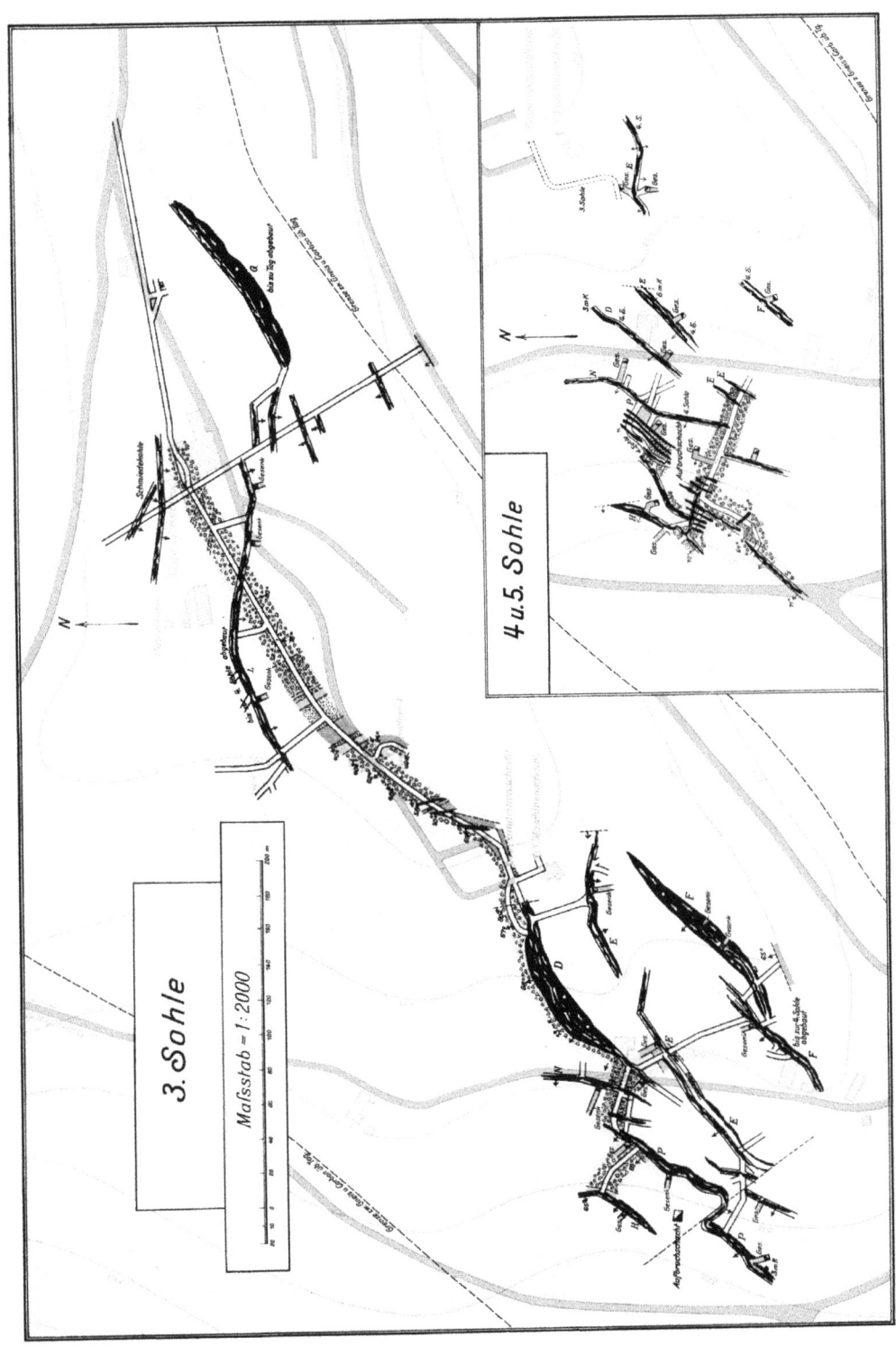

3. Sohle

Maßstab = 1 : 2000

4 u. 5. Sohle

95

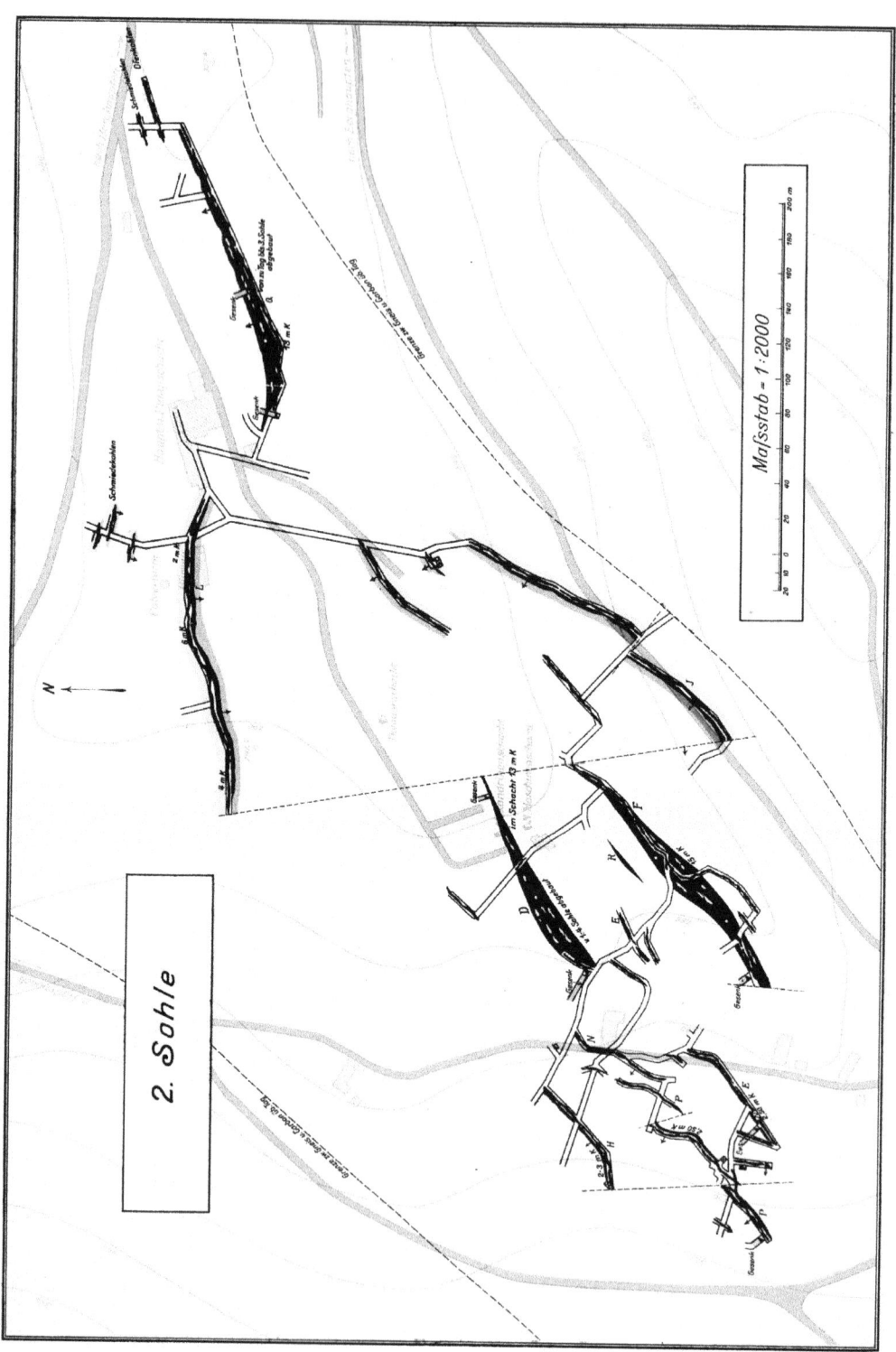

2. Sohle

Maßstab = 1:2000

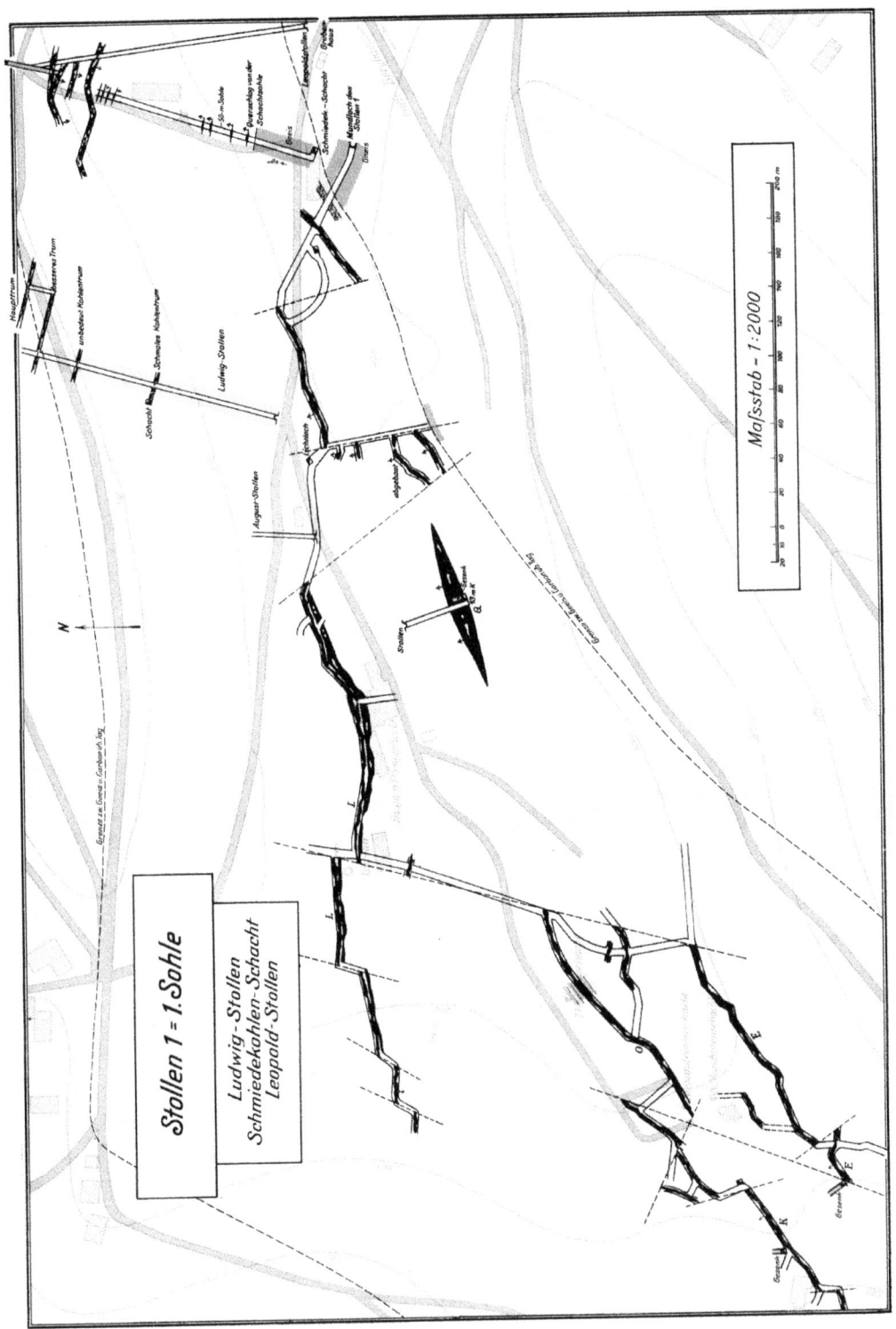

97

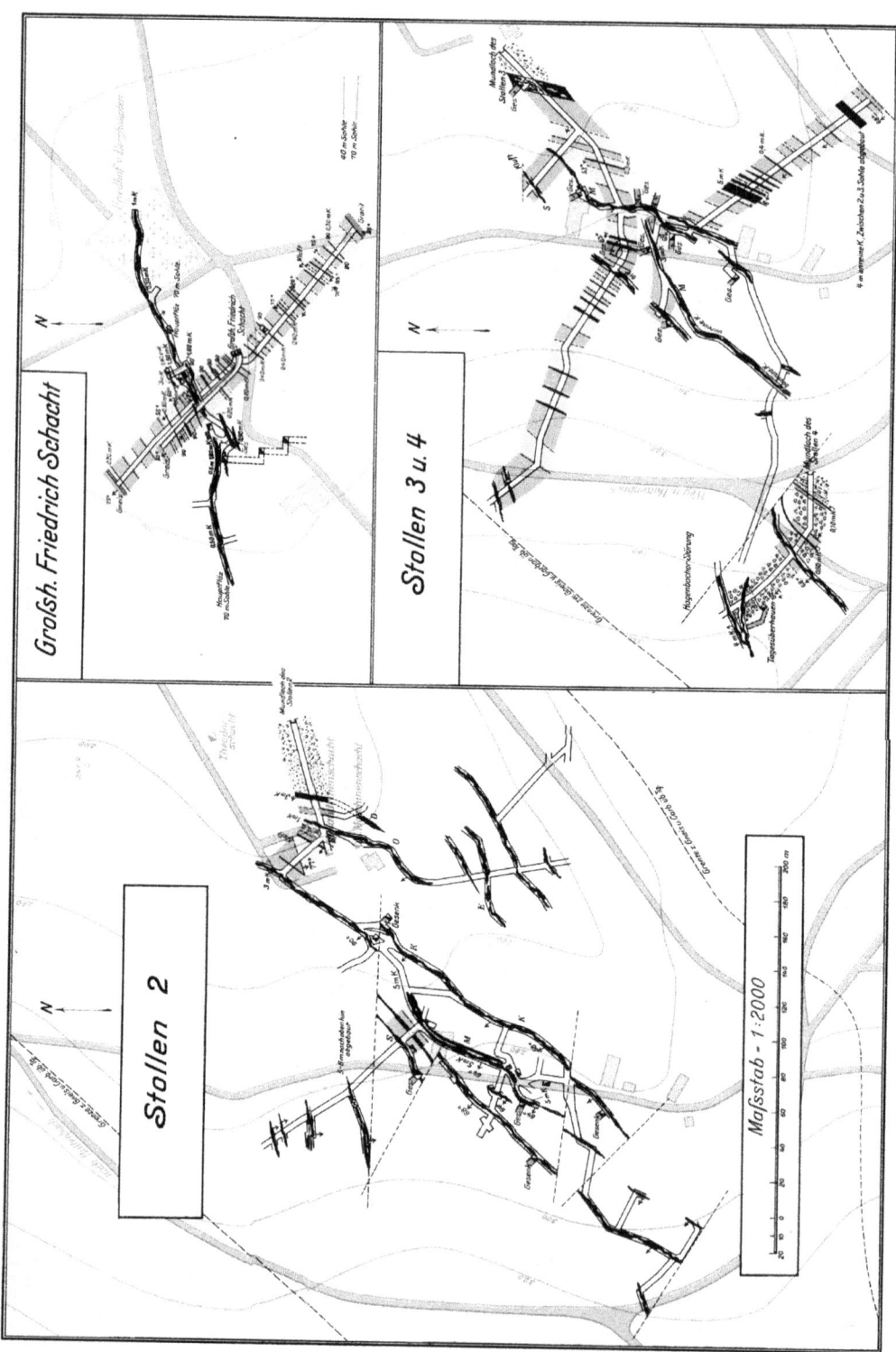

Großh. Friedrich Schacht

Stollen 3 u. 4

Stollen 2

Maßstab - 1:2000

98

# Index

Lightning Source UK Ltd.
Milton Keynes UK
UKHW030635260820
368857UK00006B/458